四川省软科学研究计划项目"四川省多层次农业保险产

供给侧改革背景下
中国多层次
农业保险产品结构研究

徐斌 著

STUDY ON THE MULTI-LAYERED
STRUCTURE OF CHINA'S
AGRICULTURE INSURANCE PRODUCTS
UNDER THE CONTEXT
OF SUPPLY-SIDE REFORM

Southwestern University of Finance & Economics Press
西南财经大学出版社

图书在版编目(CIP)数据

供给侧改革背景下中国多层次农业保险产品结构研究/徐斌著. —成都:西南财经大学出版社,2018.5
ISBN 978 - 7 - 5504 - 3490 - 5

Ⅰ.①供… Ⅱ.①徐… Ⅲ.①农业保险—研究—中国
Ⅳ.①F842.66

中国版本图书馆 CIP 数据核字(2018)第 107126 号

供给侧改革背景下中国多层次农业保险产品结构研究
GONGJICE GAIGE BEIJINGXIA ZHONGGUO DUOCENGCI NONGYE BAOXIAN CHANPIN JIEGOU YANJIU
徐斌 著

责任编辑:汪涌波
封面设计:穆志坚
责任印制:朱曼丽

出版发行	西南财经大学出版社(四川省成都市光华村街55号)
网 址	http://www.bookcj.com
电子邮件	bookcj@foxmail.com
邮政编码	610074
电 话	028 - 87353785 87352368
照 排	四川胜翔数码印务设计有限公司
印 刷	成都金龙印务有限责任公司
成品尺寸	170mm×240mm
印 张	17.5
字 数	204 千字
版 次	2018 年 6 月第 1 版
印 次	2018 年 6 月第 1 次印刷
书 号	ISBN 978 - 7 - 5504 - 3490 - 5
定 价	88.00 元

摘要

中国多层次农业保险产品结构的构建是一个既具有理论意义，又有着重要实践价值的命题。在理论上，农业保险作为一个整体概念，我国学术界对其属性、功能、制度设计和演进等问题已经进行了丰富而广泛的研究，也取得了相对较为一致的结论。然而，农业保险并不是一个构成单一、内部同质的孤立单元，而是由类型多样、功能各异的农业保险产品组成的，完善的农业保险产品结构更是应该表现为各组成部分之间相互配合与协调的系统。目前，我国针对农业保险产品结构这一领域进行的研究较为鲜见，需要对其进行理论上的拓展和补充。在实践上，无论是国家粮食安全战略、农业现代化进程还是保险业供给侧结构性改革（简称供给侧改革）方面均对农业保险产品提出了更高的要求，而原有的品类单一的农业保险产品结构显然无法胜任。近期，在国内部分地区出现的众多新型农业保险产品的探索与试点，在一定程度上丰富了我国农业保险产品结构，但总体仍呈现出明显的碎片化特征，很难与市场上的传统农业保险产品实现功能上的协调与配合。因此，要实现农业保险对农业生产和经营的既定管理目标，必须从更加宏观、系统的层面对农业保险产品结构进行规划、设计和考量。

本书所说的多层次农业保险产品结构是以农业保险供给侧结构性改革为背景，基于各类农业保险产品保障水平、功能和政府管理需要所作的产品层次划分。 通过这种划分，明确了各层次农业保险产品所处的新供给经济周期阶段以及政府和市场的责任与边界，有利于政府提供针对性的制度和政策环境，引导和加速农业保险"新供给"的形成，优化其产品结构。 最终，使农业保险发展由靠政府推动和财政补贴的单核带动向产品创新、服务创新和模式创新的多核推动转变，以充分发挥农业保险供给侧结构性改革的作用，助推农业供给侧改革的全局发展。

本书共8章，篇章结构安排如下：

绪论，本章提出本书研究的主要问题，分析该问题产生的相关背景，阐述对其进行研究的目的和意义，并对国内外相关问题的研究现状进行了梳理和述评。 根据所研究问题的特殊性，笔者设计了研究思路及内容框架，并对所选用的主要研究方法进行了解释和说明。 最后，提出本书研究所包含的创新点和存在的不足之处。

第1章，农业保险供给侧结构性改革及多层次产品结构的理论基础。 本章主要针对研究主题中几个关键概念所涉及的理论进行了分析。 由于本书的出发点和落脚点都是农业保险，农业保险是本研究的核心概念，其相关理论贯穿本研究的始终。 首先，对农业保险基础理论的论述从其基本属性出发，阐述了适用于农业保险的外部性理论和公共物品理论，并试图将两者区分开来进行分析。 对外部性理论的分析主要确定了外部效应的三个判定标准，可以概括为：①对另一主体福利产生的影响；②表现为一种伴随效应；③主体之间未进行相应支付。 对公共物品理论的分析改变了以往非此即彼的分类方式，而采用了以竞争性和排他性为线性指标的二维空间分类方式，得出了准公共物品的空间范围。 其次，对农业保险产品经营中存在的信息不对称理论和信息经济学进行了阐述，主要分析信息不对称问题的危害及其在农业保险经营过程中的具体表现，在此基础上论述了农业保险产品开发需要特别防范信息不对称风险的原因。 最后，对农业风险管理理论进行了阐述，主要得出农业风险的特点以及不同类型风险适合的风险管理方式，农业保险主要用于应对中等频率、中等损失程度的农业风险。 供给侧结构性改革的理论部分主要对历史上注重供给端的经济学派的发展历程和理论要点进行了梳理，重点阐述了脱胎于我国经济增长实践的新供给主义经济学的宏微观基础及其新供给经济周期理论。 本书研究的另一个关键概念是多层次，主要通过风险偏好理论和前景理论解释了构建多层次产品结构的需求侧因素。

第2章，农业保险产品结构的国际比较及其中国构建。 本章通过分析各国农业保险产品结构的演变过程，发现其总体上呈现出由单一向多元和多层次转化的特征，这种特征体现在保险责任、保障水平、保险单元和保费补贴四个方面。 其中，美国的农业保险结构最为完善，层次性也最为明显；印度农业生产方式与我国相似，农业保险产品结构层次相对简单，但正通过中央机构的统一规划而实现结构优化；相对而言，我国的农业保险产品种类虽趋于丰富，但缺乏统一的整体规划和层次安排。 本章从国家的宏观经济发展和农业产业升级调整战略角度出发，分析了构建我国多层次农业保险产品结构的必要性，并从财政实力、保险公司经营经验和农户认可度等方面分析了其可行性。

第3章，中国多层次农业保险产品结构的框架设计。 本章基于不同类型农业经营主体的风险管理需要，实现农业经营风险的有效转移和分散以及提高农业保险在支农体系中的地位等多重目标，在不降低小规模农户风险保障效用，不影响保险公司持续经营的原则下，构建了我国多层次农业保险产品结构的基本框架。 该结构可以分为三个层次：第一层次是基本层次，以传统农业保险产品（成本保险）为主体；第二层次为中间层次，由产量保险、收入保险和一些承保市场风险的新型农业保险产品构成，并以收入保险为未来发展方向；第三层次为附加层次，它以美国"浅层损失"保险项目为蓝本，在我国该层次以各类天气指数保险产品为主体。 为了实现不同层次产品在保障功能上的互补，本章还设计了结构中各层次产品的组合模式，以满足不同发展阶段更为多样化的保障功能需求。

第4章，多层次农业保险产品结构：基本层次。 本章从实证的角度研究基本层次农业保险产品对农业生产者行为的影响，从而证实其对农业生产的作用。 在本章中，先根据农业保险对农户生产行为的影响途径建立了理论模型进行推导和论证。 结果显示，农业保险对农户生产行为的影响表现为种植面积变化和农资投入变化。 然

4

后，利用微观数据进行回归分析，对上述理论分析结果加以验证。在数据选择上，采用了笔者亲自参与入户调查获得的微观数据，涉及全国主要粮食主产区，合计共千份问卷。 在模型设定上，以农业收入和农业收入占总收入的比重为被解释变量，分别表征从事农业生产的绝对收益和比较收益，然后，以人口统计变量、农业经济变量和风险认知变量为控制变量，主要考察农业保险的有无对模型被解释变量的作用。 由于涉及两个影响途径，本书回归分析采用了嵌套模型的形式。 实证结果表明，基本层次农业保险产品对农业收入起到了支持和稳定的作用，但并没有显著提高农业的比较收益，且这种作用主要是通过种植面积的扩大实现的，农业保险引致农业投入增加的作用并不显著。 在此基础上，为了检验地域差异，对各省份样本进行了模糊聚类分析，根据结果将整体样本分为两组进行分组回归。 结果显示，农业保险对农业收入占比较高的省份具有较为显著的收入稳定作用，但对农户从事农业生产积极性的提升效果均不明显。

第5章，多层次农业保险产品结构：中间层次。 本章以案例分析的形式探索我国多层次农业保险产品结构之中间层次的发展路径。 立足于我国农业保险发展的实际情况，论述了在我国难以直接发展产量保险和收入保险的原因，并将中间层次的范围扩展到承保市场风险的一系列价格保险产品；重点阐述了"保险+期货"模式的产生背景、基本原理和赔付机制，并通过"保险+期货"模式的大连实践——期货价格保险的实际运行实例加以说明；然后，通过分析"保险+期货"模式相对于其他价格保险的优越性，明确其中间层次农业保险产品"新供给"的定位。最后，指出"保险+期货"模式与收入保险制度的衔接方式，探索了以收入保险产品为主体的农业保险中间层次的发展路径。

第 6 章，多层次农业保险产品结构：附加层次。本章以实证研究的方式分析了农业生产者对附加层次农业保险产品的有效需求。本章较为详细地分析了美国"浅层损失"项目的赔付机制和模拟实施效果，进一步明确其附加型农业保险产品的定位；然后，立足于我国农业保险产品创新的现状，阐述在我国利用天气指数保险应对"浅层损失"的合理性，并指出对附加性保障的有效需求是影响该层次产品实际效果的关键因素。实证部分同样基于上述农村入户调查所获得的微观数据，采用 Logistic 模型对农业生产者附加性保障的有效需求进行了回归分析。为了考察不同类型农业生产主体对附加型保险产品有效需求的影响因素，将总体分为新型农业经营主体和小农户两个子样本进行分组回归。结果表明，影响传统小农户有效需求的关键因素是风险意识和对农业保险重要性的主观评价；而对规模化生产主体，种植面积也是影响其有效需求的重要因素。

第 7 章，研究结论、政策建议及展望。本章对全书进行总结，归纳出本研究得出的基本结论，依据其中的关键性结论提出针对性的政策建议，并对该领域未来的研究方向进行了展望。

本书对该领域的贡献和创新之处主要包括以下几个方面：

第一，尝试以供给侧结构性改革为背景，从农业保险产品结构的视角进行了研究。 国内现有的针对农业保险的研究主要将其作为一种制度，探究其制度演进过程、制度实施模式和制度中存在的信息不对称或巨灾风险等问题。 少数从农业保险产品角度进行的研究只是针对某一种产品进行保单设计、产品定价或者介绍国外的新型农业保险产品，缺乏系统性且不能契合中国农业供给侧结构性改革实践的研究。 本书从农业保险产品的视角，系统研究了各类农业保险产品的特征，尝试以多层次产品结构的分析视角为农业保险供给侧结构性改革提供了思路。

第二，初步构建了符合我国供给侧结构性改革思路的多层次农业保险产品结构的框架体系。 基于我国农业产业转型升级的特殊阶段性与供给侧结构性改革的基础理论，本书初步构建了包括三个层次在内的农业保险产品结构。 构建过程借鉴了美国农业保险产品结构发展的经验和最新的研究成果，同时融合了我国和一些发展中国家在农业保险产品创新方面的实践经验，为解决我国农业保险保障水平不足、产品供给结构与需求结构不匹配等问题提供了宏观思路。 该供给结构的三个层次按照保障功能进行了划分：一是为小农户（特别是贫困农户）提供基本恢复再生产能力的基本层次产品；二是为新型农业经营主体提供全面、高水平保障的中间层次产品；三是为有需求的农业生产者提供附加性保障的附加层次产品。 总体上看，这一供给结构充分考虑了不同农业生产主体的风险管理需要，通过多种途径实现保障形式的多样化，有望提高我国农业保险产品的保障效果。

第三，结合实证分析和理论分析结果初步探讨了多层次农业保险产品结构的构建路径，得出了一些具有创新性的观点。现有研究对农业保险发展方向的政策建议大多是根据定性研究或对单一产品的实证研究提出来的。本书对我国农业保险的主要产品和试点模式都进行了实证分析，并根据其综合理论与实证分析得出了如下观点：①基本层次农业保险产品已不能满足和创造新的需求，但其在维持农民收入稳定方面仍发挥着重要作用，应谨慎提高该层次产品保障水平，逐步实现由政府全额补贴保费的普惠性基本层次保险保障；②中间层次农业保险产品提供全面的农业生产经营风险保障，符合新型农业经营主体的生产目标，政府部门应提供具有持续性的财政补贴和产品知识产权保护制度，通过营造良好的制度环境引导和加速此类新供给的形成；③天气指数保险产品可以与基本层次农业保险产品构成互补而非替代关系，以满足农业生产者对附加性保障的有效需求。

关键词：农业保险；多层次；供给侧结构性改革；产品结构

Abstract

In China, the construction of multi layered agricultural insurance product system is such a proposition that has both the theoretical significance and the important practical value. Theoretically, as an overall concept, the propositions of the agricultural insurance's attribute, function, system design and evolution have been studied sufficiently, and some consensuses have been reached accordingly. But the agricultural insurance was not a homogeneous entity, it is a multi-layered system consisting of insurance products with diverse functionalities. Such system shall have inner structure that interact, coordinate and complement each other. However, rarely has any research been done to form the theoretical basis for such system. In practice, considering the fact that China has committed to modernize agriculture, ensure food security and improve social administration through insurance, the traditional agricultural insurance typified by simple, similar products are outdated and could not support such ambitious cause. Even though there are some attempts by pilot regions to introduce new insurance products, such attempts are highly fragmented and the new products often fail to grow compatible with the existing products. All of these have made a multi-layered insurance products system with careful planning, organized structure and clear measurement indispensable.

This thesis is organized as follows:

1

Chapter 1, Introduction, It firstly proposes the main problem this paper need to address and introduces the background where such problem was formed on. The research significance is highlighted by reviewing the literature from China and abroad. Furthermore, the framework on how we approach such problem is introduced and the methodology is explained. Finally, it points out the novelty and limits of this paper.

Chapter 1, the theoretical analysis on the multi-layered agricultural insurance product system. This chapter aims to theoretically explore the key concepts involved in the research. Because the agricultural insurance is both the starting and finishing point for this paper, the theories on it will last throughout the whole process of this research. The theoretical basis of agricultural insurance mainly involve the theory of externality and the theory of public goods. We tried to distinguish these two in the context of insurance. The analysis on the externality theory mainly determined the three criteria for externality, summarized as 1) the influence it may bring to another subject of welfare, 2) accompanied effect and 3) lack of payment. The analysis on the theory of public goods changed the "either-or" classification, but adopted the two-dimensional classification taking the competitiveness and exclusiveness as the criteria, resulting in the spatial range of quasi-public goods. Information asymmetry theory was later introduced to identify such instance in agricultural insurance product management proactice. We highlight the reason why it needs to be paid special attention to prevent the risk of information asymmetry in agricultural insurance. We later expound on the theory of agricultural risk management. The characteristics of agricultural risk and the risk management methods suitable for different kinds of risks are analysed. We reached the conclusion that the agricultural insurance can be used mainly for coping with the risks with medium frequency and loss in middle level. The last concept for the researched problem in this paper is the multi-layered system. We explained the reason for constructing multi-layered system through the theories of risk preference and prospect theory.

Chapter 2, International experience in agricultural insurance product system and its application in China. Through analyzing the construction process of the agricultural insurance product system in different countries, we find the evolution process from single form to diversified and multiple-layered system. Such evolution process in embodied in the change in five aspects including insurance responsibility, guarantee level, insurance unit etc. The agricultural insurance in the U.S. is considered to be the most comprehensive, with the most clear property of multiply layers. The agricultural insurance in India is similar with that in China, with no layer in its simple agricultural insurance system; but it is gradually being optimized through the unified planning by the central institution. Chinese agricultural insurance products are becoming increasingly rich. However, it lacks unified planning and the property of multiple layers. Furthermore, in this chapter we analyzes the necessity for constructing Chinese multi-layered agricultural insurance product system, and demonstrates its feasibility through the aspects of fiscal strength, the management experiences of insurance companies and the recognition degree of peasants.

Chapter 3, The framework design of Chinese multi-layered agricultural insurance product system. To reach the goal of meeting the risk management demand from multiple participants of agricultural insurance, the effective transfer and dispersion for agricultural management risk, we constructs such a multi-layered agricultural insurance product system. Such system will not lower the farmers' utility, and will not undermine the profitibility of insurance companies. This system has three layers: the first layer consists of the traditional agricultural insurance products （insurance based on cost）; the second level consists of those insurance products for agricultural output, farmers' income and some new types of products to cover the market risks; the third level takes American insurance project of "shallow loss" as the blueprint, consisting of insurance products such as weather index insurance. In order to ensure the complementarity of the products in different levels, we have also designed a combination model for products in different levels, so as to fulfill the demand on the guarantee for diversification.

Chapter 4, The influence of the first layer product on farmers' behavior and agricultural production. In this chapter, we establish a theoretical model for how the agricultural insurance would influence the farmers' production behavior. The result shows that the influence of agricultural insurance on the farmers' production behavior may be reflected through the changes in the cultivated area and agricultural investment. Then, it utilizes the practical data for regression analysis, and such as the plant area, and verifies the model result. For data selection, we selects the micro data based on household surveys, concerning the major grain producing areas in China, with a thousand questionnaires in total. For the model setting, we takes the agricultural income and the proportion of agricultural income to the total income as the dependent variables, representing respectively the absolute gains and relative gains of agricultural production. We control for variables on population, agricultural economic variable and risk cognition variable as the controlling variables, to investigate whether the existence of agricultural insurance has the effect on the dependent variables of the model. Because there are two dependent variables, the regression analysis used in this paper takes the form of nested model. Results show that, the agricultural insurance products at first layer play the supporting and stabilizing role on agricultural income, but they do not significantly improve the relative gains of agriculture. The effect on agriculture income gain was achieved mainly through the expansion of cultivated area, while agricultural insurance do not cause a not significant rise in agriculture investment. In addition, to account for regional difference, we performs the fuzzy clustering analysis on the samples of each province, makes the group regression on overall samples divided into two groups. Our results show that, the agricultural insurance has significant stabilizing effect in provinces where the agricultural income accounting for higher ratio in its total income. However, the agricultural insurance fails to improve the productivity of the farmers.

Chapter 5, Investigation into the development of second layer insurance through case studies. In this chapter, we expounds the reason why it is hard to develop the insurance on agricultural output and farmers' income at present. We expand the range of the second layer products to the series of insurance on prices. The "insurance + future" model was analyzed on its background, basic principles and compensation mechanism. A case study is performed on such model based on the practice adopted in Dalian. Later on, through analyzing the advantages and defects of the "insurance + future goods", it clarifies that the second layer is only transition process Finally, it points out the connection method between the "insurance + future goods" model and the income insurance system, also points out the development path for the products in second layer

Chapter 6, Empirical study on the farmers' demand on the third layer products. In this chapter, we introduces the compensation mechanism and simulated effect of American "shallow loss" project in details. We points out the rationality for China utilizing the weather index insurance to cope with the "shallow loss", and also points out that the effective demand on the additional guarantee shall be the key factor that influence the actual effect of the produces in such level. The empirical analysis utilizes the Logistic model to carry out the regression analysis on the effective demand of the agricultural producers in different scale based on micro survey data. Results show that, the key factor influencing the effective demand of small peasants shall be their risk consciousness and their subjective evaluation on the importance of agricultural insurance; for large scale production, the cultivated area shall also be the important influencing factor on their effective demand.

Chapter 7, Conclusions. We summarize our results and outline the future research in this field accordingly.

The contribution and novelty of this thesis include the following aspects:

First, the research perspective is innovative. Currently existing researches in China mainly took the agriculture insurance as a institution, with the focus on investigating the information asymmetry during institutional evolution, or risk of natural disasters.. Some studies have focused on the policy design and pricing of some products. No systematical research is available to my best knowledge . This thesis systematically researched the characteristics of the various agricultural insurance products, and constructed a research framework on the multi-layered agricultural insurance system.

Second, this thesis constructed the agricultural insurance product system in three levels, based on status quo of Chinese agricultural industry. This system draws experiences from the most recent findings of American agricultural insurance product system, and integrated them with the experiences in China and some other developing countries. Therefore, we provide valuable insights to how to solve the problems in China's agricultural insurance system. The multi-layered system also comprehensively considers the demand from participants of agricultural production on risk management, and has the potential to improve the efficiency of agricultural insurance.

Last, by combining the empirical analysis and case studies, the thesis finds the development path for each level of multi-layered agricultural insurance product system. This departs from existing studies that gives policy made based on qualitative research and empirical studies on limited amount of insurance products.

Key words: Agricultural Insurance; Multi-layered; Supply-side Structural Reform; Product Structure

目录

0 绪论

0.1 研究背景

农业作为国民经济的基础性产业，其发达程度制约着其他行业的发展水平。 特别是对于中国这样的人口大国来说，农业的生产情况还关系到社会的稳定及国际贸易形势。 近年来，虽然政府对农业的补贴力度逐年加大，农民的平均收入却增长缓慢，部分农民生活水平距离 "2020 年实现全面建成小康社会"[①] 的战略目标依然遥远。 所以，仅靠高投入、高补贴形式的农业支持政策并不能从根本上解决"三农"问题。 目前，我国农业生产面临的粮价"天花板"、生产成本"地板"、农业补贴"黄线"、资源环境"红灯"四大约束，也表明曾经支持农业增产的举措是难以持续的。 在此形势下，进行农业生产方式变革，并利用各种支农惠农政策促进农业现代化进程成为我国农业产业政策的主线。 其中，现代农业的一个基本特征是农业生产的规模化，这就需要培育与原有小农户迥然不同

---

① 胡锦涛同志在中国共产党第十八次全国代表大会上的报告。

的新型农业经营主体，并以农业规模化带动集约化和现代化。 在2016 年、2017 年的中央一号文件中，政府部门进一步明确了"积极发展适度规模经营""大力培育新型农业经营主体和服务主体"，以"加快构建新型农业经营体系"为政策导向。 我国农业产业原本就蕴藏着巨大的改革动力，在政策支持的催化作用下，适度规模经营快速发展。 截至 2016 年年底，全国登记在册的农民合作社达到179.4 万家，入社农户占全国农户数的 44.4%，家庭农场 87.7 万家，各类农业产业化组织达到了 38.6 万个。[①] 随着新型农业经营主体数量的快速扩张、生产规模的扩大，农业生产所面临的自然风险、市场风险等也不断积聚，需要有效的农业风险管理工具来转移和分散风险。 在世界范围内，农业保险作为最广泛采用的农业风险转移工具，在各国农业风险管理体系中都占据愈发重要的地位。 具体表现为，有关农业保险的财政预算占比增加，产品创新增强，保障的风险范围愈加广泛，形成了各类产品保障功能相互配合的层次性农业保险产品结构。 2007 年以来，我国农业保险借助财政支持，在保费规模上实现了平稳快速发展，但在产品类型上与 2007 年试点之初差异不大，产品结构单一，很难适应新出现的规模化农业生产主体的风险管理需要，亟须进行改革和升级。

供给侧结构性改革是在我国经济发展步入增速放缓的"新常态"的背景下提出的经济结构调整政策。 该政策的提出表明政府在驱动经济增长调控措施上的思路转变，即从单方面重视和管理需求到注重供给与需求结构的匹配，且强调供给结构优化的重要性。 因

---

① "大数据：中国当下合作社、农民、家庭农场统计出炉"[EB/OL]. http://www.suilengea. com/show/mhndmhbmh.html(2017/3//9).

为，从长期看，经济增长取决于潜在增长率，在生产函数中由资本、劳动力、土地与资源、技术与制度等变量所决定，均是供给侧的因素；需求管理虽然可以在短期实现经济平稳增长，熨平经济周期，但对长期经济增长作用有限。此次供给侧结构性改革的目标在于解决前期投资、消费和出口的需求端调控政策所造成的供给与需求错配，通过经济结构调整、科技进步和制度创新等，提高潜在增长率，扫清中国中长期经济增长的障碍。供给侧结构性改革的实施要与具体产业相联系，而农业产业自 20 世纪 80 年代"家庭联产承包责任制"改革以来，生产方式相对固定，在社会经济发展的新形势下蕴藏着巨大的改革动力，是较早进行改革的产业。在农业供给侧结构性改革的推进过程中，其内部资源和产业结构的重新调配和组织，释放出了对农业保险产品的巨大消费潜能和有效需求，但却没有相应的农业保险产品供给与其匹配，农业保险与现代农业的关联度相应降低，对"三农"的支持效果也有所弱化。在农业供给侧结构性改革的深化阶段，农业保险作为农村金融的重要组成部分，其优化资源配置、实现结构调整的作用不可或缺，需要首先以产品结构创新为思路进行农业保险供给侧结构性改革，进而助推农业供给侧结构性改革的全局发展。

0.2 研究目的与意义

0.2.1 研究目的

我国主要的农业保险产品一般被称为传统农业保险产品或"成

本保险"产品，主要是针对以往小农经营的特点而设计的。 其保障程度偏低且只承保自然风险。 这些特点使得现有的农业保险产品已经不能满足新型农业经营主体对农业风险保障更高层次的需求，农业保险产品结构亟须优化。 虽然，国内很多省份的保险机构在结合自身区域经济环境特点的基础上尝试开发了一些新型农业保险产品。 但是，限于财政补贴的持续性不足和缺乏必要农业系统性风险应对机制，这些产品只是在局部地区零星试点，缺乏进一步拓区扩面的基础。 从整体上看，中国的农业保险产品结构在基本层次（即传统农业保险产品部分）具有统一性，而对更高层次的新型农业保险产品的探索则呈现各省（直辖市、自治区）各自为政的"碎片化"特征。 在农业现代化快速推进的过程中，传统农业保险产品将愈加不适应快速扩张中的新型农业经营群体的需求，这种供给结构与需求结构的错配不仅不利于农业保险的可持续发展，还会影响农业现代化的进程和国家粮食安全战略。 因此，在加快发展以需求为导向的新型农业保险的同时，还需要从供给侧对农业保险产品结构进行引导和规范，并且通过对供给结构的层次划分明确各层次的功能定位和边界，以更合理地对接财政补贴制度和应对农业系统性风险，最终实现农业保险产品供给结构的转型升级，助推农业供给侧结构性改革，保证农业现代化的顺利实现。 基于上述诸多原因，本书选择了从产品结构视角对农业保险供给侧结构性改革这一问题进行研究。

0.2.2 研究意义

世界上的一些农业强国（美国、加拿大、日本等）也是农业保险较为发达的国家，其农业生产主体的构成相对单一且稳定（大规模农场或小规模农户），但却均具有相对多元化的农业保险产品结构，且呈现出多层次的特征。 然而，我国的农业生产方式正处于从小农经营向规模化经营转变的过渡时期，经营特点差异巨大的农业生产经营主体同时并存，并且所占比重不断变化，这将是近期我国农业产业的基本特征。 农业生产主体的多元化和风险管理需求的多层次性，决定了无论是与现存哪种农业生产方式相适应的农业保险产品结构都不能完全契合我国现阶段的国情，不能完全依其框架构建我国多层次农业保险产品结构。 因此，研究适配我国农业发展阶段的多层次农业保险产品结构及其构建路径具有重要意义。

理论意义方面，近年来，许多学者指出我国农业保险在政府参与、补贴机制以及产品结构等方面存在许多问题，部分学者（朱俊生，2015）更是鲜明地指出了现有农业保险产品结构难以满足现代农业发展中多层次的风险管理需求，构建有针对性的多层次农业保险产品结构似乎成为未来农业保险领域的一个重要方向。 然而，如果没有必要的理论基础作为支撑，分散创新所形成的农业保险产品结构将很难适应我国农业经济发展和转型的需要，不利于农业保险保障效果的发挥。 因此，本书基于传统与新兴的经济学理论，从供给与需求两个方面论述了多层次农业保险产品结构的理论基础。 在供给方面，阐述了新供给主义经济学的宏微观理论，并将其新供给经济周期理论运用于对农业保险这一细分产业的分析，得出农业保险"新供给"的出现会使原有产品结构优化，"新供给"会创造相应的需求的结论。 需求方面则从传统小农户和规模化农业生产者的资源禀赋和农业生产特征着手，分析其生产目标函数和约束条件的不同，以及不同类型农业生产者风险偏好的差异，试图为该"多层次"产品结构的构建提供必要的理论基石。

现实意义方面，多层次农业保险产品结构的建立能为不同类型的农业生产者提供适合其风险管理需要的保障水平选项，最大限度地满足其转移农业经营风险的需求。此外，该产品结构的建立能够促进更有效的财政补贴制度安排的形成，打破缺乏有效的财政补贴配套制度对新型农业保险产品的供给约束，改变新型农业保险产品财政补贴不可持续的局面。多层次农业保险产品结构中各个层次的划分，以及各层次定位的确定能够较好地划分农业保险经营中市场与政府的边界，在更好发挥市场资源配置的基础地位的同时，也使政府可以实现对不同层次农业保险产品的差异化监管。从总体上来看，多层次农业保险产品结构是对现有农业保险产品结构的优化，它强化了农业保险与现代农业的关联性，能够提升农业保险的供给能力和服务水平。

0.3　文献综述

国内外学者对农业保险领域许多方面都进行了广泛而深入的研究，但"农作物保险的多层次"这一理念仅在近期才被一些学者提及，围绕其进行的研究甚少。究其原因，可以归纳为以下两个方面：一是我国农业保险起步较晚，前期发展并不顺利，2007年后才进入快速推进时期。推广过程中以"广覆盖、低保障、保成本"为目标，着重提高农业保险的参保率和中央财政保费补贴险种的覆盖率，农户对农业保险产品的多层次保障需求就被人为忽略了。 二是一些农业保险制度较为发达的国家（如美国），其农业保险产品的保障水平具有可选择性，且与一系列农业政策相配合，能够适应农业生产者多样性的风险管理需求，实践中已经实现了"多层次"的风险保障，学界关注相对较少。 虽然直接针对该问题进行研究的文献较少，但众多相关文献为本书的研究提供了重要基础和参考。 本部分将分国外和国内两个部分对农业保险的研究进行系统的回顾和评述。

0.3.1 国外文献综述

较为接近现在运营模式的农业保险实践最早出现于欧洲，但直至 20 世纪初，许多国家虽然都进行了商业化经营模式的农业保险试验，但除了少数针对雹灾、火灾等发生概率小、风险单位小的农业保险品种，基本上都在短时间内因经营失败而退出市场，期间对农业保险的研究较少。 自全 20 世纪 30 年代美国开始进行政府干预下的农业保险试验以来，相关研究才逐渐出现，到 80～90 年代，基本形成了农业保险理论和实证研究的相关范式，研究的重点主要包括农业保险市场失灵及政府介入、农业保险的需求及其影响因素和农业保险的运营效果研究等。

（1）农业保险的市场失灵及政府介入

对农业保险市场失灵的研究是在早期私营农业保险机构因经营失败而退出市场，政府主导下的农业保险试验也常年出现亏损的背景下，国外学者开始尝试利用经济学理论解释农业保险的市场失灵现象。 从总体上看，导致农业保险市场失灵的主要原因有信息不对称、农业风险的系统性特征等。 由于信息不对称理论在经济学中的研究进行得较早，特别是在 Akerlof（1970）、Rothschild 和 Stiglitz（1976）创建了对信息不对称引致的逆向选择和道德风险的一般分析框架之后，对农业保险市场失灵现象大多从该视角进行解释。 农业保险中的信息不对称来自有潜在投保需求的农业生产者和农业保险经营机构，双方对农业生产信息的掌握程度不同，其中农业生产者是处于信息优势的一方，会对保险人的利益造成损失。 Ahsan et al.（1982）认为由于不对称信息的存在，竞争性的农业保险市场可能不会存在。

按照相对于投保环节的先后顺序划分，引起信息不对称的首要问题是逆向选择。 由于不同农业生产者所处地域和风险管理水平的异质性，农业生产者之间的客观风险高低是不同的，如果农业保险经营机构不能对此进行精确识别，并与差异化的保险费率相适应，就可能产生逆向选择问题。 Goodwin（1993）利用美国县域数据所做的实证分析发现，农业生产者所处县的农业风险越高，其对农业保险的需求弹性也越小，购买农业保险的意愿较强，也愿意为农业保险支付更高的保费，被视为存在逆向选择的重要证据。 Luo、Skees 和 Merchant（1994）从另一个角度描述了农业保险中逆向选择现象，即潜在投保农户通过对气象信息的掌握和判断进行决策，当影响产量的气象条件不确定或不利时，才选择购买农业保险。 Quiggin（1994）对逆向选择问题的研究结果表明，当某农业生产者的耕地产量存在明显的产量差异时，他将会更倾向于为产量风险较高的地块投保农业保险。 Somwaru et al.（1998）通过研究不同风险特征的玉米和大豆种植者的农业保险选择行为时发现，与产量保险

（MPCI）相比，高风险的种植者更倾向于选择保障水平更高的收入保险（CRC）。Shaik、Coble 和 Knight（2005）在对农作物收入保险需求的影响因素研究中发现，对农业风险有较高主观预期的农业生产者更有可能选择购买农业保险，也从另一个角度证明了逆向选择的存在。除了证明逆向选择问题的存在，更重要的一个问题是得出逆向选择的不利影响及其应对措施。Gardner 和 Kramer（1986）通过对美国参保农户和未参保农户统计特征的对比发现，逆向选择是造成美国 MPCI 保险产品经营持续亏损的重要原因。Just et al.（1999）的研究认为逆向选择会使投保农户相对于未投保农户获得每 0.4 公顷 1.42~3.34 美元的额外收益，同时导致美国农业保险经营产生福利损失。Shaik 和 Atwood（2002）估算了美国 1997—2000 年间开展的棉花保险因逆向选择问题而增加的成本，其数值大约在 3200 万~3.59 亿美元之间。防范或抑制逆向选择的途径主要有：实施更为精确科学的费率区划（Skees 和 Reed，1986），推行区域产量和天气指数保险（Miranda，1991；Mahul，1999），以及延长保险期间（Just et al.，1999）。发生在投保环节之后的，因信息不对称而产生的问题主要是道德风险，主要表现为农业生产者在投保之后农业生产的不积极，减少防灾减灾的努力以及保险欺诈等。对于农业保险领域道德风险存在的问题，在理论和实证方面都有较多研究。Just 和 Calvin（1990）采用均值方差效应模型检验道德风险的存在。Smith 和 Goodwin（1996）在对堪萨斯州农业保险的参与行为的研究中发现，在控制了土地质量等一系列变量的情况下，参与农业保险的农民比那些没有参与农业保险的农民每 0.4 公顷投入的化肥价值少 4.23 美元，证明了道德风险的存在。Atwood et al.（2006）的研究发现当农户投保多块耕地时，其有动机在总产量一定的情况下将各地块产量按可获得的最高限度保险赔付的方式进行申报。 道德风险的不利影响主要表现为，它可能是美国联邦农作物保险公司 MPCI 保险业务长期亏损的主要原因（Weaver 和 Kim，2002）。 Goodwin、Vandeveer 和 Deal（2004）指出美国农业保险实施过程中的道德风险问题造成了政府财政补贴的耗散。 Roberts、O'Donoghue 和 Key（2009）利用固定效应模型和非参数估计方法衡量了美国主要农作物保险产品因道德风险问题而增加的理赔成本，结果发现在 1992—2001 年间额外的成本约占同期保险赔付总支出的 0.9%。 面对这种问题，国外学者提出了相应的应对方法，除了与解决逆向选择相似的开展产量保险和天气指数保险外（Ramaswami 和 Roe，2001；Turvey，2001；Harris et al.，2011），较具有可行性的措施还有在合同中设计无赔款优待条款（Rejesus et al.，2006）。

农业风险的系统性使其不满足保险经营的基础——"大数定理"，也是农业保险市场失灵的一个重要原因。 Miranda 和 Glauber（1997）利用统计模拟的方法估算了美国农业保险业务量最大的 10 家保险公司农业保险保单组合的系统性风险，发现其风险规模约是一般保险业务的 10 倍。 Goodwin（2001）研究了玉米县域产量的空间相关程度，发现其具有明显的相关性，即系统性风险特征，使私营保险公司经营农业保险的方法根本不可行。 Wenner 和 Arias（2003）的研究表明，农业保险产品的赔付风险约比普通人身意外和车险产品的风险高 20 倍，使经营农业保险的公司始终面临高风险、低收益的经营环境。 农业保险领域的系统性风险只能在一定范围内予以降低，或提前进行巨灾风险的筹资安排。 Miranda 和

Glauber（1997）的研究指出，区域产量再保险和产量期权可以将部分系统性风险予以转移，一定程度上可以缓解因系统性风险造成农业保险市场失灵的可能性。　Miranda 和 Vedenov（2001）也认为在农业保险中巨灾风险再保险机制不可或缺。

像农业保险这样存在市场失灵的领域很多，但市场失灵仅是政府进行干预的必要非充分条件。　然而，事实却是、世界上绝大多数开展农业保险的国家都采取了财政补贴的形式对农业保险进行支持，这可以从农户和保险公司两方面进行说明。　Moschini 和 Hennessy（2001）的研究指出农业保险相对于农户可以利用的其他农业风险分散和转移方式来说，可能是需要支付较高成本的一种，如果没有政府部门提供保费补贴，农户对农业保险是缺乏需求的。　另外，保费补贴有助于保险公司克服逆向选择问题。　如果没有保费补贴，低风险的被保险人可能会退出保险市场（Goodwin，2001；Just，Calvin 和 Quiggin，1999）。　与其他保险产品相比，农业保险的承保和理赔成本要更高一些，尤其是在发展中国家，关键数据很难相信并且更难及时获得。　农村地区的公路和通信设施简陋，这提高了保险人监督被保险人的难度和迅速理赔的成本（Mark，2005）。　虽然从农户和保险公司两方面看，政府为农业保险提供补贴都是有利的，但也有不少学者对政府补贴提出质疑。　Lopez（2004）认为政府更应该对那些公共物品进行补贴，而不是私人物品，农业保险与农村养老、教育比较起来可能更像私人物品。　另外，历史上农业保险保费补贴往往都被大型农场主获得，这种现象无论是在发达国家还是发展中国家都很普遍（Skees et al.，2002，2005；Goodwin，2001；Hazell，1992）。　一些研究表明，农民参与农业保险的最主要动机是获取保费补贴，而不是风险规避（Just，Calvin 和 Quiggin，1999）。但从目前各个国家不断加大对农业保险的投入和支持力度的趋势来看，补贴带来的社会收益似乎仍要高于其社会成本。

(2) 农业保险需求及其影响因素

国外学者研究发现农业保险市场存在有效需求偏低的现象。一种解释是美国农业生产者可以利用诸如期货期权市场、价格或收入支持计划、灾害援助等风险管理手段替代农业保险的作用（Harwood et al.，1999）。Serra 和 Goodwin（2003）的研究发现，资本相对充裕的农业生产者更倾向于自保而不是选择农业保险。另一种解释是农业保险的需求是相对缺乏弹性的，参加农业保险的每公顷土地的边际成本也就相对较高，在对农业保险较高价格和较低期望收益的权衡中，不少农业生产者选择不购买农业保险。持这种观点的不少学者还对农业保险的需求弹性进行了估算，Goodwin 和 Smith（1995）的定量研究得出美国农业保险的需求弹性在-0.92~-0.2之间。Knight、Coble 和 Williams（1996）估计了美国堪萨斯州小麦的产量保险的需求弹性约为-0.65。关于农业保险需求的影响因素，Hazell（1986）认为主要有期望收入、收入变异程度和风险规避程度。Calvin 和 Quiggin（1999）的研究指出，农场主参加农业保险的首要原因是为了获得政府补贴，风险规避只是其中一个很次要的因素。Markki（2002）的研究发现风险程度、保险费率、期望赔付和政府补贴水平是影响农场主投保决策的关键因素。Shaik et al.（2008）认为影响农业生产者购买农业保险的因素主要有初始财富、风险规避系数、平均产量和平均价格及其变动等。

(3) 农业保险的运营效果研究

美国是当今世界上农业保险制度最为发达的国家之一，其农业保险开始较早，且具有较好的连贯性和系统性，国外学者对农业保险运营效果的分析也大多以美国的农业保险制度和产品为研究对象。

1938 年美国政府正式颁布实施《农业调整法案》，标志着政府主导下实施的农作物保险计划正式运行。该计划启动初期，保险产品也多以 NPCI（单一风险保险，例如雹灾保险或者火灾保险）为主，农民的投保意愿较低（Chite，1988）。为了提高农作物保险的参保率，政府于 1980 年出台了《联邦农作物保险法》，该法案首次提出对农民投保农作物保险给予保费补贴政策，但其实施效果仍不理想，种植业保险的参与率依旧很低。

于是，1994 年美国政府又颁布实施《农作物保险改革法》，通过了著名的三大保险和一个保障计划。其中，三大保险也就是在很多针对农业保险领域的研究中都提到的 CAT（巨灾风险保险）、MPCI（多重风险保险）和 GRP（团体风险保险），其形式仍是农作物产量保险。而传统的产量保险有了一个更贴切的名字——APHP（实际种植历史项目）（Barnett and Coble，1999）。这里还需特别指出的是，如果说 CAT 和 MPCI 还属于传统保险的话，那么 GRP 可能在性质上更接近于看跌期权（Skees，Barnet and Black，1997）。

随着农民保险需求的进一步提高，《1996 年农场法》决定试点开展既可保障产量风险又能保障价格风险的收入保险。此后市场上陆续出现了五款收入保险产品：CRC（作物收入保险）、IP（利润保护保险）、RA（收入保证保险）、GRIP（团体风险利润保护保险）和AGR（毛收入调节保险）。与产量保险产品相比，收入保险产品除了保障自然灾害对产量造成的损失以外，还要保障农作物的价格波动风险。 而价格（基准价格、收获价格还是计划价格）的选择则成为 CRC、IP 和 RA 之间的主要区别（RMA, 2000）。

2000 年，美国国会通过了《农作物风险保障法》，进一步加大农业补贴力度，鼓励购买和研发种植业保险产品。 美国种植业保险迎来了发展的黄金期，提供 65% 以上保障水平产品的投保率达到了57%（Joseph, 2004）。 收入保险更是在 2003 年首次在承保面积上超过了产量保险（Agro, 2006），通过近十年的发展，收入保险的保费收入占农业保险的保费收入比例已稳定在 80% 以上，成为被农业生产者广泛接受的农业保险种类。 2014 年新农业法案的颁布，除了进一步增强农业保险在农业风险管理中的地位外，还将一些农业补贴政策以"浅层损失"保险的形式推出，以应对高频率、低损失的自然或价格风险对农业生产者造成的损失，这可能是美国农业保险发展的新方向（Erik, Ashley, Joseph et al., 2016）。

0.3.2　国内文献综述

我国早期对农业保险的理论研究开始于 20 世纪 20~30 年代，以王世颖（1935）、黄公安（1936）为代表，研究的主要内容是借鉴国外农业保险发展经验以及在我国建立农业保险制度的开创性探索。然而，随着其后农业保险的萎缩和停办，国内农业保险的研究也随之转入低谷。 直至 1982 年农业保险复业以后，农业保险的相关研究才逐渐增多，随着相关农业保险政策的推动，在 2004 年以后农业保险才成为保险领域的研究热点，对农业保险中相关问题的探讨在深度和广度上都有了很大范围的增加，涉及农业保险的属性、供求、模式、补贴机制和巨灾分散机制等问题，其中与本书研究关系较为紧密的内容包括农业保险的经济属性，农业保险的市场供求和新型农业保险产品等。

（1）农业保险的经济属性

该问题在对农业保险研究的早期受到学者的普遍关注，因为它直接关系到农业保险的经营模式选择问题。李军（1996）从公益性和排他性的特点出发，提出和论证了被保险界广泛认同的农业保险是"准公共产品"的重要观点。与之类似的观点是刘京生（2000）从农业的基础性和弱质性出发，认为农业保险同时具有商品和非商品两重属性。庹国柱和王国军（2002）等人也认为农业保险产品从根本上来说既不是完全意义上的私人物品，也不是典型的公共物品，是介于两者之间的一种物品，但更多地趋向于公共物品。冯文丽、林宝清（2003）从农民对农业保险需求和保险公司对农业保险的供给两个方面，进一步分析了农业保险的正外部性，认为农民购买农业保险与保险公司经营农业保险，能保证农业生产顺利进行，使全社会成员享受农业稳定、农产品价格低廉的好处。其后，赵莹（2004）、张跃华等（2005）、费友海（2006）、黄英君（2009）、王根芳、陶建平（2012）等学者也从各自研究的角度出发，得出了农业保险是准公共产品的论断。

（2）农业保险的市场供求失衡或市场失灵

对这一问题研究的起因主要是农业保险在商业化运营的模式下，市场逐渐萎缩，学者们试图从供给与需求两个方面探究其原因。研究发现农业保险的"供给"和"消费"的正外部性带来了"需求不足，供给有限"的问题（冯文丽，2003）；农民通过种植多样化等途径分散了农业保险需求（庹国柱，2002）。国内很多学者

15

对此进行了深入的研究，主要有以下几个矛盾导致了农业保险的供需失衡问题：一是农业保险的高风险性、高费率与农民整体收入水平偏低的矛盾；二是以获取盈利为目的的商业保险公司与经营农业保险的收益较低的矛盾；三是农业保险的产品供给结构和农户真实需求之间错配的矛盾；四是农业保险的正常经营与存在较高的道德风险和逆向选择的矛盾；五是农业保险的快速发展与农业保险专业人才缺乏的矛盾。但也有研究认为农业保险的供求失衡造成农业保险市场失灵的理论并不严谨，对农业保险进行补贴的重要性在于其相对于其他支农工具的特性（张跃华、庹国柱、符厚胜，2016）。

（3）新型农业保险产品研究

近年来，国内很多学者对我国农业保险方案的优化问题进行了研究。一类是针对现有农险产品结构存在问题的定性分析。庹国柱（2011）对我国农业保险实践四年来的成绩和问题进行了系统梳理，指出目前存在的主要问题是欠缺顶层设计；保费补贴需根据各省情况进行调整；组织架构和供给主体的管理有待规范；保险定价、产品开发等微观管理机制亟须探索等。杨晓娟（2012）对近十年来我国农业保险的实践和研究进行了综述，认为我国农业保险存在的问题是农业保险产品质量不高，体现在费率厘定不科学，保险公司农业风险监测技术、保险定价、产品开发和定损理赔技术落后，政策性农业保险保费补贴方式存在诸多隐患等。另一类针对农业保险的产品创新问题，曹前进（2005）在国内较早指出了指数保险是我国农业保险发展的一个方向。段然（2008）比较系统的提出了天气指数保险的保单设计结构和定价方法。国内也有学者研究和设计了其他天气指数保险产品，如柑橘冻害气象指数保险（娄伟平等，2009）、安徽水稻种植气象指数保险（刘布春、梅旭荣，2010）、陕西果区苹果花期冻害指数保险（刘映宁，2010）。 庹国柱（2014）通过对近些年国内外农业保险领域产品创新方向的梳理，得出农业保险未来的创新方向主要是收入保险和指数类保险。 余方平（2015）指出农产品期货价格保险弥补了指数价格保险缺少风险对冲机制的缺陷，可快速推进指数价格保险的规模化发展；保险公司承保期货价格保险具有以下优势：农业保险的广泛推广，使农民更有可能接受期货价格保险；与期货公司相比，保险公司具有承保、理赔等多方面的管理优势。 闫平、吴箫剑（2015）认为农产品期货价格保险助推我国农产品价格形成机制改革，可以改变国家对农产品的补贴方式。 叶明华、庹国柱（2016）的研究认为阻碍农业保险从产量保险向价格保险或收入保险进行险种创新的，并不是农产品价格风险的不利变动，而是保险公司缺乏分散和管理价格风险的工具，应尝试和探索农业保险和农产品期货市场间的互动方式。随着"保险+期货"试点的开展，许多学者对该模式进行了介绍，并在产品设计和风险分散安排等方面对其进行了优化（李华、张琳，2016；张峭，2016；安毅、方蕊；2016）。 黄正军（2016）认为中国农业保险产品的创新与发展，需要系统性规划,并结合保障需求及销售环节，加大实验或试点和风险区划等工作。 庹国柱、朱俊生（2016）研究了收入保险对我国农产品价格形成机制的作用，并指出收入保险可能是用来承保市场风险的理想模式。

0.4 研究思路及内容与框架

0.4.1 研究思路

农业保险作为一项应对农业风险、稳定农业生产的支农惠农政策对解决我国"三农"问题意义重大。自 2007 年我国开始实施中央财政农业保险保费补贴试点工作开始，十年来我国农业保险发展迅速，为农业生产和农民收入的稳定发挥了重要作用。但随着近些年我国农业现代化进程的推进，农业生产规模和生产方式的变化使中央财政补贴下单一的农业保险产品结构变得愈加不适宜，整体保障效果下降，出现了较为严重的供给与需求不匹配问题。在农业保险市场上供给与需求交汇的核心是农业保险产品，那么从农业保险产品创新入手，通过合理规划产品结构和层次，就可以实现农业保险供给对需求的重新适应，进而助力我国农业供给侧结构性改革。然而，通过对市场实践和相关文献的分析发现，我国农业保险产品创新存在"碎片化"的特征，需要通过一定的顶层设计和宏观规划来引导我国农业保险产品创新和结构升级的方向。经过对国际上农业保险产品结构较具特色国家的经验借鉴，并结合我国农业生产者结构的多元化现状，本书提出了构建我国多层次农业保险产品结构的研究设想。

根据这一研究主题，本书对农业保险和多层次产品结构的相关理论进行了探究，试图为农业保险产品创新的方向和需要注意的关键问题提供理论支持，并为"多层次"的产品结构构筑理论基石。

理论研究结果表明，在新型农业保险产品创新过程中需要设法应对农业保险领域中相对更严重的信息不对称问题，注重农险产品对巨灾风险的转移或分散安排，以及农业保险较强的外部性需要相应的财政补贴制度予以支持，并注重提高财政补贴效率。 对"多层次"产品结构的需求主要来自不同禀赋的农业生产主体差异化的风险转移需求，这种差异性可以用风险偏好理论和前景理论进行解释。

在理论基础之上，本书对国外层次性农业保险产品的结构进行了研究，分析了其产品层次性在多方面的体现。 然后，结合我国现实国情，主要参考美国农业保险产品的层次性结构，设计了我国多层次农业保险产品结构的基本框架，明确了各层次的产品范围和功能定位，初步规划了不同层次农业保险产品在功能和保障水平上的贯通互补模式，阐述了不同层次产品之间的内在联系。

经济政策和宏观规划的效果最终都需要作用于微观经济主体之上，通过影响微观主体的行为来实现宏观政策目标。 在农业保险领域最重要的微观经济主体即是农业生产者，本书在所设计的多层次农业保险产品结构框架的基础之上，分别选取各层次农业保险产品对农业生产者的风险保障效果、价格风险经济补偿模式和有效需求等问题进行了实证研究。 验证前文提出的一些定性分析结论，分析市场上现有的新型农业保险产品试点中存在的问题，并根据农业生产者的实际生产目标和有效需求情况对各层次的发展路径和远期目标进行规划。

0.4.2 研究内容及框架

近些年来，随着农业供给侧结构性改革的推进，新型农业经营主体开始在农业生产中崭露头角，逐步发挥关键作用。 农业生产者结构的变化，使得现有传统农业保险产品依据"低保障、广覆盖"原则确定的单一保障水平与多样化的保险需求不再契合。 具体体现在，一方面大多数小农户由于兼业经营的原因，只希望在不增加成本情况下进行基本的口粮生产，对农业保险并没有更高层次的需求；另一方面，新型农业经营主体由于生产规模较大，对风险高度敏感，对通过农业保险手段转移经营风险具有较为旺盛的需求，而市场上却没有能满足其需求的农业保险产品。 近年来，农业保险的管理机构和经营机构也尝试通过提升传统农险产品的保障水平或者开发新型农业保险产品来解决这种供给与需求之间的不匹配问题，但实际效果并不理想。 通过研究农业保险的相关理论，并结合世界上一些国家的发展经验进行分析，发现类似农业保险产品这种具有一定公共品属性的商品或服务，分散式的创新很难取得最优的效果，需要具有系统性的规划和引导。 供给侧结构性改革的思想及其相关理论的建立为此提供了方向和指导。 所谓供给侧结构性改革，就是用增量改革促进存量调整，对农业保险这一细分产业，供给侧结构性改革的思想体现在产品上，就是通过合理开发新型农业保险产品，优化产品结构、提升产品绩效。 在此背景下，本书从理论和实践两个方面分析了不同类型农业生产者主体在风险保障需求上的差异性，尝试性提出了构建我国多层次农业保险产品结构的构想。然后以构建中国多层次农业保险产品结构为中心，沿着改革"增量"和调整"存量"的思路，重点研究了下列几个问题：

（1）多层次农业保险产品结构的理论基础

我国当前的农业保险产品结构是单一的，国际上虽然有许多国家的农业保险产品结构呈现出"层次性"的特点，但并没有形成相应的理论能够为我国农业保险产品的结构升级提供指导。 因此，本书对"多层次"农业保险产品结构的研究首先探究了"多层次"结构存在的合理性，或者说是其理论基石问题，这也是本研究的前提。 本书主要从供给和需求两个方面进行阐述，供给侧方面参考了新供给主义经济学的理论，论述了新供给的形成和扩张会创造相应需求，从而促使行业景气周期或经济繁荣周期的到来；需求侧方面则从农业生产者风险管理需求的角度进行分析，并认为农业生产者结构的多元性促成了其风险管理需求的多层次性，亟须农业保险市场的多层次产品结构对其进行匹配。 本书主要利用新供给主义经济周期理论、风险偏好理论和前景理论对"多层次"农业保险产品结构构建的合理性和基础进行论述。

（2）农业保险产品结构的国际比较及我国构建多层次结构的必要性和可行性

通过对国际上主要农业国家的农业保险产品结构的比较，得出其产品结构具有层次性的特征或趋势，并将其层次性归纳为保险责任、保障水平、保险单元和保费补贴四个方面。 由于本书多层次农业保险产品结构的研究立足于我国农业现代化和供给侧结构性改革的背景。 在该背景下，农业生产主体、生产方式和农产品价格形成机制都将发生巨大变化，原有的、较为单一的传统农业保险产品结构必将难以适应多样化的农业风险管理需求。 虽然，当前对丰富农业保险产品、提高农业保险保障水平已有一些政策指向性文件和区域性试点，但缺乏系统性和可操作性。 本书在第 2 章，尝试从多层次农业保险产品结构对我国的战略意义着手，从宏观经济政策、农业生产方式变革趋势、农业保险产品的环境与财政资源可持续性等多个方面分析进行多层次农业保险产品结构构建的必要性和可行性。

（3）中国多层次农业保险产品结构的框架设计

本研究结合国际上发展较为成熟的农业保险产品的结构设计，将我国农业保险产品结构大致划分为三个层次，即基本层次、中间层次和附加层次。 首先，本书将为我国多层次农业保险产品结构制定合适的目标和原则。 通过对经济政策环境的分析，初步选定了新供给结构下农业保险产品应能够优化农业风险管理、助推农业现代化和农业供给侧改革，以及实现农业保险自身和财政支持的可持续性四项指标作为目标。 且该目标的实现必须基于不损害小农户群体的既得利益，在效率的基础上兼顾公平的原则。 其次，针对每一个具体的农业保险产品层次都有与之相对应的产品范围、功能定位、产品发展或演化路径以及可以采用的风险分散策略或工具安排。 最后，本研究虽然将农业保险产品结构分成了三个层次，但各个层次之间并不是孤立和隔绝的，通过建立各层次之间的贯通与互补模式能够实现农业保险产品更加多样化的风险保障功能，以更好地适应当前我国农业现代化进程中快速变化的主体规模和生产方式。

（4）各层次的产品范围和相应实证分析

①基本层次：传统农业保险或成本保险产品

近年来，农业现代化进程快速推进，规模化经营主体也不断涌现，理论和实务领域普遍认为传统农业保险的保障程度较低，已经不能满足其风险管理需要。 事实上，传统农业保险产品经过多年的推广，已经为中国广大农户所接受，其存在确实为农民农业收入的稳定发挥了作用，具有一定的合理性。 在此情况下，需要有定量的证据证明传统农业保险产品对小农户和新型农业经营主体的行为影响存在差异。 一种可能的假设是，传统农业保险虽然已经不适应新型农业经营主体的风险管理需要，但对小农户从事农业生产、稳定农业收入仍然具有一定的作用，实质上仍为农业生产者提供了一种最基本的保障。 该部分的研究内容包括以下几个方面，共同构成了本书第4章的主要内容。

一是传统农业保险产品的发展情况，主要包括该类农业保险产品的产生背景、设计初衷，在保险金额确定和赔偿数额确定方式上相对于一般产量保险产品的特殊性。 此外，还分析了作为中央财政支持下的政策性农业保险产品，财政对其的具体支持方式和补贴规模变化情况等。

二是农业保险影响农户生产行为的理论路径分析。 农业保险作为一种宏观的农业经济政策，其政策效果是通过影响微观农户的生产行为而实现的。 通过考察农户在农业生产中的各类要素投入，选择其中可能会受农业保险产品损失保障效果影响的若干要素构建理论模型。 并借助对理论模型的推导，得出农业保险通过影响农户生产行为，进而影响农户收入的间接路径。

三是通过对农业生产主体的数据进行实证回归分析以验证上述理论结果，数据主要来自笔者亲自参与的国家社科基金重大项目的入户调查数据，为了考察地域因素可能引起的差异，实证分析中还对微观数据进行了模糊聚类分析和分组回归分析。

②中间层次：以收入保险为方向的新型农业保险产品

该部分的研究内容是近期及未来一段时间内理论研究和实务创

新的热点领域。 其主要原因：一是该类新型农业保险能够提供较高的保障水平，满足规模化经营主体的需要；二是机制设计上类似于美国目前最为成功的农业保险产品类型——收入保险产品，各界对其具有较高的愿景。 然而，该类型的农业保险产品在我国仍处于实验探索阶段，需要更多的理论支持，本研究将以期货价格保险的"大连试点"为主要研究对象，对其作为保险产品最核心的定价和赔付机制进行分析，并讨论其进一步扩区试点中需要防范的各类风险以及向收入保险产品演进的可能路径。

③附加层次：附加型农业保险产品

对该层次的分析通过以下三个步骤进行：首先，对美国"浅层损失"赔付机制和模拟实施效果进行了分析，说明了其产品高度依赖基础农作物保险产品，具有较高的赔付优先级和较低的赔偿限额，赔付标准多依据区域性指标等特征，明确了其附加型保险产品的定位。 其次，立足于我国农业保险产品创新的现状，指出在我国利用天气指数保险应对"浅层损失"的合理性。 分别从天气指数保险产品与基本层次农业保险产品的可叠加性、赔付触发条件、区间设置以及快速赔付的特点等方面进行了分析。 得出在我国中间层次农业保险产品供给尚未形成之前，为应对部分农业生产者对较高风险保障的需求，可以将天气指数类农业保险产品作为基本层次农业保险的附加型保险产品进行供给。 最后，利用微观数据实证分析了各类农业生产主体对附加型农业保险的有效需求及其影响因素，检验了上述天气指数保险产品与基本层次农业保险产品叠加模式的现实可行性。

本书研究思路的基本框架如图 0-1 所示。

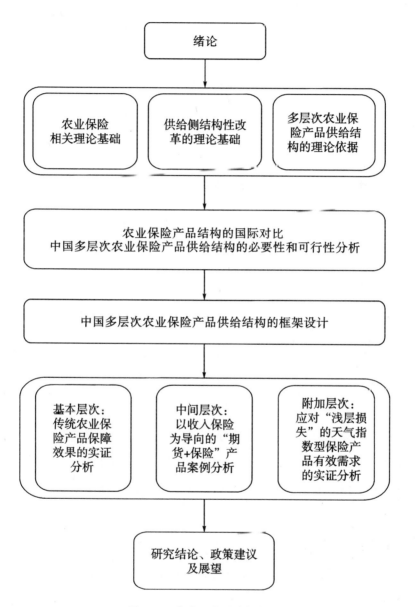

图 0-1   本书研究思路框架图

0.5　研究方法

本书的研究内容既包括理论框架的构建又涉及实务领域的产品功能效果分析，是一个将规范研究和实证研究相结合的选题，研究方法也是围绕理论构建和产品效果评估这两个核心主题的综合运用，具体包括以下几种方法：

（1）归纳和演绎的方法

本书研究的主要目的是构建我国多层次农业保险产品结构，实现农业保险供给侧结构升级，这就需要涉及该结构构建的理论基石问题，即农业保险产品结构为何需要"多层次"，这种多层次的结构为什么需要人为构建而不能由市场自发形成的问题。 在本书的理论分析部分，将该问题进一步分解为农业保险的特殊性、"供给侧"改革和"多层次"结构的理论依据三个部分进行阐述。 梳理、归纳和总结出农业保险、供给侧和"多层次"结构的特征因素并与相关理论相对应，再由理论推演出农业保险产品结构构建的合理性。 因此，农业保险的相关理论：福利经济学、信息经济学和农业风险管理理论，与多层次结构相关理论一起构成了多层次农业保险产品结构的理论基石。 在此过程中，通过运用了归纳与演绎的研究方法，先归纳出一个多层次产品结构构建需要具备的一般基础和能够达到的预期效果，并将其迁移到农业保险领域，得出我国当前建立多层次农业保险产品结构具备可行性，并且能与我国农业生产主体风险管理需求相匹配的结论。

（2）比较分析法

本书要构建的产品结构是一个人工组织系统，其现实表现相较于理论价值而言更加重要。 因此，验证现实中的多层次农业保险产品结构对农业风险的管理效果优于单一层次农业保险产品结构是进行本研究的重要依据。 通过对世界上具有多层次农业保险产品结构的国家与我国现行农业保险产品结构的横向比较，以及各国农业保险产品体系从单一到多层次的发展历史的纵向比较，总结出其中的差异性和历史经验。 并且通过这种比较分析，提炼出多层次农业保险产品结构构建的趋势规律和所需条件，并与我国的具体国情进行对照，以便我国在多层次结构构建过程中对他国经验进行有选择的借鉴和迁移。

（3）规范分析和实证分析方法的综合运用

基于前述的理论基础，通过借鉴他国在层次性农业保险产品结构中形成的经验，并结合我国农业经济的实际发展阶段，构建了适合我国国情的多层次的农业保险产品结构。 并且基于该结构的基本框架，对各层次的产品范围划分和功能定位以及层次间的贯通机制进行了规范分析。 针对每个层次内农业保险产品对农业风险管理的作用或效果，本书采用了实证分析的方法进行了研究，主要包括回归分析和案例分析。 其中，回归分析使用的微观数据采用实地调研法获得，采用随机分层抽样的方法选择调研地点；为了研究地域差异所产生的影响，采用了模糊聚类分析的方法对样本进行了分组，再对分组后的样本分别进行回归。 案例分析则在综合实务报道和大连保险学会提供的项目资料的基础上，分析了"保险+期货"模式在实践中的具体操作流程，并对其中可以改进和优化的部分提出了相应思路。 通过对上述两种方法研究结果的对比和相互印证，最终得出了较为一致的结论。

（4）实证分析和实地调研相结合的研究方法

本书实证分析部分所采用的数据为微观调查数据，数据来自笔者亲自参与的国家社科基金重大项目"农业灾害管理制度演进与工具创新研究"子课题在 2014—2015 年间所开展的调研。 本次调研采取了一对一问卷调查的形式，调研范围涉及全国粮食主产区中的大部分省份，问卷内容包括人口特征、经济特征、灾害感知与风险管理策略、对农业保险的认知和评价以及对新型农业保险的需求及负担能力五个方面的内容。 实地调研方法的采用不仅实现了对现实情况的准确把握，还帮助解释了实证分析结果中与理论影响方向相悖的情况，使本书的研究结果更具现实解释力，同时也令本研究得出的结论更能令人信服。

（5）跨学科的研究方法

农业保险本身就横跨多个学科，而农业保险产品结构的构建由于涉及框架设计和各层次产品的安排等内容，从而形成了一个复杂的系统工程，必须进行跨学科的研究。 本书综合应用了保险学、金融学、农业经济学、行为经济学、新供给主义经济学和系统科学等学科的理论和方法，对本书构建的多层次农业保险产品结构进行了较为全面的分析。

0.6　创新与不足

0.6.1　创新之处

第一，尝试以供给侧结构性改革为背景，从农业保险产品结构的视角进行研究。 国内现有的针对农业保险的研究主要将其作为一种制度，探究其制度演进过程、制度实施模式和制度中存在的信息不对称或巨灾风险等问题。 少数从农业保险产品角度进行的研究只是针对某一种产品进行保单设计、产品定价或者介绍国外的新型农业保险产品，缺乏系统性且不契合中国农业供给侧结构性改革实践的研究。 本书从农业保险产品的视角，系统研究了各类农业保险产品的特征，尝试以多层次产品结构的分析视角为农业保险供给侧结构性改革提供思路。

第二，初步构建了符合我国供给侧结构性改革思路的多层次农业保险产品结构框架体系。 基于我国农业产业转型升级的特殊阶段性与供给侧结构性改革的基础理论，本书创新性的构建了包括三个层次的农业保险产品结构。 构建过程借鉴了美国农业保险产品结构发展的经验和最新的项目成果，同时融合了我国和一些发展中国家在农业保险产品创新方面的实践经验，为解决我国农业保险保障水平不足、产品供给结构与需求结构不匹配等问题提供了宏观思路。 该供给结构的三个层次按照保障功能进行划分：一是为小农户（特别是贫困农户）提供基本恢复再生产能力的基本层次产品；二是为新型农业经营主体提供全面、中高水平保障的中间层次产品；三是为有需求的农业生产者提供附加性保障的附加层次产品。 总体上看，这一供给结构充分考虑了不同农业生产主体的风险管理需要，通过多种途径实现保障形式和保障水平的多样化，有望提高农业保险产品市场的运行效率。

第三，结合实证分析和理论分析结果初步探讨了多层次农业保险产品结构的构建路径，得出了一些创新性的观点。 现有研究对农业保险发展方向的政策建议大多根据定性研究或对单一产品的实证研究进行分析，本书对我国农业保险的主要产品和试点模式都进行了实证分析，其综合理论与实证分析主要得出了如下观点：①基本层次农业保险产品已不能满足和创造新的需求，但其在维持农民收入稳定方面仍发挥重要作用，应谨慎提高该层次产品保障水平，逐步实现由政府全额补贴保费的普惠性基本层次保险保障；②中间层次农业保险产品提供全面的农业生产经营风险保障，符合新型农业经营主体的生产目标，政府部门应通过提供具有持续性的财政补贴和产品知识产权保护制度，通过营造良好的制度环境引导和加速此类新供给的形成；③天气指数保险产品可以与基本层次农业保险产品构成互补而非替代的关系，以满足农业生产者对附加性保障的有效需求。

0.6.2　不足之处

受限于作者的知识结构和实务经验，本书不可避免地存在一些不足之处，具体来说，主要有以下两点需要在后续的研究中进行完善：

第一，由于新型农业经营主体在近些年来发展迅速，本书实证采用的微观数据主要来自 2014—2015 年的入户调查，其中主要以传统小农户为主，新型农业经营主体所占比例较少，不能完全反映新背景下农业生产主体的现实风险管理需求，需要在以后的研究中重点补充新型农业经营主体的数据。

第二，中间层次的"保险+期货"模式农业保险产品尚处于试点阶段，其运行模式尚在不断修正中，具体定价方法和风险转移策略因属于公司内部信息而难以获取。现有公开数据仅能支持书中较为简单的案例分析，分析结果可能与实践存在一定程度的差异；此外，相关政策建议也是依据公开数据分析后提出，对实践的指导作用相对有限。在该产品运行模式基本稳定后，其定价方式和赔付机制也将逐步确定，届时可通过一定的数据模拟方法进行产品保障效果评估，得出更具实践指导价值的产品优化策略。

1 农业保险供给侧结构性改革及多层次产品结构的理论基础

供给侧结构性改革是我国"新常态"下进行经济发展方式调整的全新思路。相较于以往需求端的调控方式，供给侧结构性改革强调在扩大需求的同时更注重对供给侧的优化和升级。其主要目标是解决我国经济诸多领域中供给结构与需求结构不匹配，供给结构相对需求结构适应性调整过慢的问题。在农业保险领域我国农业产业正处于现代化的快速推进阶段，农业资源要素的重新组织和调配释放出巨大的农业保险潜在需求。然而，农业保险产品供给结构本身却未能适应这种需求结构的变化，亟须进行优化。农业保险产品的多层次结构的构建即是根据需求变化所进行的供给侧优化，通过优化产品结构、提升产品服务质量的方式提高要素配置效率，满足各类农业生产者的需要，进而促进农业现代化的顺利推进。

本书将要研究的重点内容是农业保险产品结构的层次划分，或者说是其产品结构的内部组成或关系。如果把农业保险产品结构看作一个系统，根据系统论的核心思想，有必要先从整体上对其进行认知，这就涉及农业保险本身的内涵和外延及与其"多层次"性有关的理论基础问题。该理论分析部分主要回答下列问题：一是农业保险在市场经济中是怎样的属性和定位；二是农业保险为什么会出现市场失灵以及需要政府部门支持或管理的原因；三是为什么会出现多层次的风险管理需求；四是农业保险产品结构的优化会对宏观经济产生何种影响。 需要说明的是，由于现实经济生活的复杂性，对上述问题的回答不限于某一个理论，亦可能是多种因素共同作用的结果，需要综合若干理论对其进行回答。

1.1 农业保险相关理论基础

1.1.1 外部性与准公共物品理论

外部性和公共物品理论都是福利经济学中的重要内容，福利经济学是一门用以判断"在某一种经济状况下的社会福利比另一种状况下要高或低"①的学科。 在通常的经济学假设，即完全竞争市场经济条件下，社会福利可以用个人效用或偏好的某种函数表示或度量，当社会福利函数给定的情况下，福利经济学被认为是一门实证学科。 由于福利经济学更多地关注现实经济中的问题，一些传统经济学的理论假设会出现被违背的情形，如个人的非理性或出于对他人福利考虑而进行决策，抑或交易的商品本身存在外部效应，此时福利会偏离原本的效用或偏好，这是福利经济学重点研究的内容。

外部性有时也被称为外部效应，Baumol 和 Oates（1988）对该定义进行了归纳，并采用了两种表述方式：一是如果某个经济主体的福利（效用或利润）函数中包含的某些变量是由其他主体决定的，而后者不会注意其行为对其他主体福利产生的影响，此时就产生了

---

① 黄有光.福利经济学[M].周建明,等,译.北京:中国友谊出版社,1991:22.

外部性；二是对于某种产品，如果没有激励使其形成一个市场，而这种市场的缺失会导致非帕累托最优均衡，此时就产生了外部性。黄有光（1991）在其著作中将这种效应表述为一个当事者 K（影响者）对另一个 J（被影响者）产生具有一定（正的或负的）福利意义的影响，并且附加了两个条件：一是该效应（效益或损失）不需要支付，二是该效应是伴随效应而不是原效应或故意制造的效应。① 范里安（2009）从市场经济商品交易的角度给出了更为简洁的定义，即外部性可以描述为一个经济主体对另一个经济主体的利益所产生的效应，而这种效应没有通过货币或市场交易体现出来，其主要特征是存在人们关注但又不在市场上出售的商品。② 该定义其实是将外部性产生的两个关键条件进行了结合，即缺乏外部效应交易的市场。③ 从上述概念表述中可以得出，外部性有正负之分，正的外部性是将利益外溢给社会的行为活动，可以增加社会成员的效用；负的外部性则是将成本附加给社会，造成社会成员成本增加或是收益降低从而减少其效用。 生产和消费的过程都可能产生外部效应，也可据此将外部效应划分为生产的外部效应和消费的外部效应，但需要注意的是具有外部性的商品或行为与外部效应本身是不同的。 例如，在阐述外部效应的若干经典范例中，雪茄烟是具有外部效应的商品，其产生的外部效应是烟尘的污染；养蜂人的放养蜜蜂是具有外部性的生产行为，而蜜蜂传花授粉则是其外部效应。 外

---

① 黄有光.福利经济学[M].周建明，等，译.北京：中国友谊出版社，1991：204.
② 哈尔·R.范里安.微观经济学：现代观点[M].费方域，等，译.上海：格致出版社、上海三联书店、上海人民出版社，2009：491.
③ 商品经济下生产的目的即是为了交易，没有市场的形成也就没有相应的专门的生产和支付。

部效应也有范围的差别，有些外部效应具有普遍性，而有些只涉及很少一部分人。外部效应的存在使原本仅需市场自身调节就可以实现资源的帕累托最优配置不再有效，需要通过法律规则、政府部门或社会机构的干预，才能"模仿"或接近帕累托资源配置的效率，这是具有外部性的商品或行为需要进行干预的理论基础。

"准公共物品"的概念是由公共物品的概念发展而来的。Lindahl（1919）在其博士论文《公平税收》中最早对公共物品进行了系统的讨论，但并没有对公共物品进行规范的定义。1954年，萨缪尔森对公共物品①给出了形式化的定义：任何人消费这种物品，都不会导致其他人对该物品消费的减少。② 根据萨缪尔森的定义，对公共物品有如下表达形式：

$$X_j = X_j^i (i = 1, \cdots, N)$$

其中，X_j 表示对第 j 件商品的消费量，i 代表消费者的序号，X_j^i 表示消费者 i 对第 j 件商品的消费量。因此，上式所表达的含义即是任意一个消费者对商品 j 的消费量都相等，且等于全体消费者的消费量。后来，萨缪尔森又在其著作中对该定义进行了补充和完善，他指出"公共物品（Public Goods）指那种不论个人是否愿意购买，都能使整个社会中每一成员获益的产品。私人产品（Private Goods）恰恰相反，是那些可以分割、可供不同人消费，且对他人没有外部

---

① 萨缪尔森在原文所采用的表述是 *collective consumption goods*，而非目前用来表示公共物品的 *public goods*，但考虑到与文中 *private consumption goods* 相对，其所表达的意思即是公共物品。

② Samuelson P A. The Pure Theory of Public Expenditure [J]. The Review of Economics and Statistics. 1954, 36(4): 387.

收益或成本的产品"。[①] 萨缪尔森对公共物品的这两个定义分别从两个角度反映了公共物品的特征，第一个定义主要强调公共物品消费的非竞争性，第二个定义指明了公共物品具有受益的非排他性。自此，消费的非竞争性和受益的非排他性被视为公共物品的两个判定标准。非竞争性意味着增加消费者，引起的社会边际成本为零；而非排他性则是指公共物品一旦提供，所有社会成员都可以享受同等的利益，不能限制特定的人从中受益。其后的学者也多从这两个条件出发对公共物品进行研究，然而，在对现实中的物品进行划分时，萨缪尔森的这种判定条件遇到了困难。由于物品的效用往往不止一种，有主次、强弱的分别，且随着时间、空间而发生变化。萨缪尔森式严格的判定条件只适合区分理论中的公共物品和私人物品，现实中少有像"国防"这样符合条件的公共物品或纯粹的私人物品。萨缪尔森提出的公共物品和私人物品是现实中的两个极端，可以被表述为纯公共物品和纯私人物品，即图1-1中A、B两个端点所指代的物品。图1-1中的纵轴和横轴分别表示竞争性和排他性，原点处表示既不存在竞争性也不存在排他性（即同时具有完全的非竞争性和完全的非排他性），符合纯公共物品的条件；远端"1"的位置表示完全的竞争性或排他性，其中B点具有完全的竞争性和完全排他性，即为纯私人物品。现实中的物品在竞争性和排他性这两个维度并非是按{0,1}的方式进行组合的，而是（0,1）的区间组合，因此，现实中的物品广泛的分布在图中方形区域内。

---

① 保罗·萨缪尔森,威廉·诺德豪斯.经济学:第十六版[M].萧琛,等,译.北京:华夏出版社,1999:268.

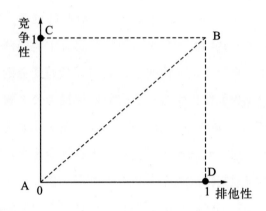

图 1-1　物品分类(公共物品、私人物品和准公共物品)

由于萨缪尔森的定义在解释现实中的物品时存在局限性，不少学者在其基础上对公共物品的定义进行了修正。

Blundell (1988) [1]引入了拥挤系数 $\theta \in [0,1]$，根据其定义：

$$X_j^i = X_j / N^\theta (i=1,\cdots,N)$$

符号含义与前述一致，X_j^i 表示消费者 i 对第 j 件商品的消费量。如果 $\theta = 0$，则 $X_j^i = X_j$，即是萨缪尔森定义中严格的公共物品；若 $\theta = 1$，则每个消费者对商品 j 消费量的总和等于商品 j 的总和，此时商品的消费和收益是可分割的，符合私人物品的条件，$\theta \in (0,1)$ 时则是准公共物品的范围。

日本经济学家植草益（Masu Uekusa）[2]根据竞争性和排他性这两个性质有、无的组合，将物品进行了分类：第一类是纯公共物品，同时具有消费的非竞争性和受益非排他性；第二类既不具备消

① Blundell R. Consumer Behaviour: Theory and Empirical Evidence — A Survey[J]. Economic Journal, 1988, 98(389):16-65.
② 植草益. 微观规制经济学[M]. 朱绍文,等,译. 北京:中国发展出版社,1992:232.

费的非竞争性也不具备受益的非排他性，即是最常见的私人物品；准公共物品则具有消费的非竞争性，但不具备受益的非排他性（自然垄断），或具有受益的非排他性，但不具备消费的非竞争性（共有资源）。根据该观点，图1-1中处于四边形AC、AD两条边线上的物品才属于准公共物品，对于四边形内部物品的性质则未做出定义。

Buchanan（1965）[1]提出了俱乐部经济理论，将处于公共物品和私人物品之间的物品视为"俱乐部物品"，该类物品的特征是有限的非竞争性和不完全的非排他性，在图1-1中是处于四边形范围内的区域。根据布坎南定义中划定的范围，这种"俱乐部物品"指代的就是准公共物品。

综合前述各位学者对物品的分类理由和方法，同时考虑分类的完备性，本书将萨缪尔森定义中的公共物品和私人物品划定为"纯粹的公共物品"和"纯粹的私人物品"，处于两者之间广阔区域的物品则被定义为准公共物品。根据图1-1，准公共物品可以分为三类：第一类物品具有受益的完全非排他性，但不具备消费的完全竞争性（AC线上除端点外的区域）；第二类物品具有消费的完全非竞争性，但不具备受益的完全排他性（AD线上除端点外的点）；第三类物品既不具备完全的非竞争性又不具备完全的非排他性（ABCD四边形内部的区域）。按照这种划分，现实中的大部分商品都属于准公共物品，三类物品之间的划分并不是固定不变的，随着公众需求和消费方式的变化，不同种类的物品间可以相互转化。

---

[1] Buchanan J M.An Economic Theory of Clubs[J].Economica,1965,32(125).

根据上述理论，对农业保险的属性进行分析，属性的确定便于对现实中农业保险政策的理解和机制的设计。

农业保险具有外部性，且在其生产和消费过程中均有所体现。保险产品与普通商品有很大的不同，保险产品不是实体商品，而是一种承诺或合约，没有具体的实物产品生产过程。如果将承担成本作为生产过程的要件，农业保险产品的生产可视为从保险公司售出农业保险时开始，此时保险公司就已经进行风险管理工作并承担灾后损失赔偿的或有成本。按照农业保险的职能——遭受自然灾害后给予赔偿，有助于进行农业恢复再生产和农业产量的稳定。那么，在农业保险生产阶段，其外部效应就有所体现，其对象是全体居民，他们在未向保险公司付费的情况下，就获得了稳定的粮食供给保障。保险产品的消费同样具有特殊性，根据完颜瑞云（2015）的研究，保险消费可以以支付保险费为标志。[①] 在农业保险中，如果以农户缴纳保费作为农户消费农业保险的标志，那么农业保险的生产和消费的开始就是同一时点。此时，农业保险消费的外部性可以分为两类：一类承受对象仍是全体民众，农业保险降低了农户经营农业的收入波动风险，使相对较多的资源（至少劳动力）留在农业上，维持了农业生产的稳定，民众可以以较为稳定的价格购买农产品，而不需要支付费用；二是周边未购买农业保险的农户，享受了农业保险防灾减灾的服务，而未付费。因此，农业保险是在生产和消费两个环节均存在外部性的商品。

农业保险的准公共物品属性。农业保险的不完全排他性和非竞

---

① 完颜瑞云.中国保险消费影响因素实证研究——基于文化和行为的视角[D].成都：西南财经大学,2015：28.

争性的论证较为简单。 由于农业保险出售的是一种合约或服务，除了产品研发成本外，新增一份保险合约所增加的成本是极少的，甚至还从某种程度上降低了整体风险成本，农业保险的消费是具有非竞争性的。 从缴费购买农业保险才能获得合同约定的保障利益来看，农业保险的受益是具有排他性的，但考虑到农业保险经营过程中提供的防灾减灾服务中存在部分未投保农户获得收益的"搭便车"行为，农业保险受益的排他性并不完全。 因此，农业保险符合"准公共物品"的不完全的排他性和非竞争性特征。

综上所述，农业保险产品是在生产和消费两个环节均存在正的外部性的准公共物品，农业保险市场的发展可能依赖政府部门支持和规范。

1.1.2 信息不对称与信息经济学

信息经济学的启蒙思想于 20 世纪早期就已出现，但其作为正式的学科概念提出则是在 20 世纪 50 年代末。 Marschak（1959）在其《信息经济学评论》一文中，提出了经济学研究特有的信息范畴，正式使用了"信息经济学"一词，标志着信息经济学的诞生。 20 世纪 60 年代信息经济学的研究者分别从管理决策与统计决策、信息搜寻、拍卖制度和信息论等角度出发，为信息经济学的进一步发展奠定了基础。 其中被誉为信息经济学创始人的施蒂格勒从纯粹经济学的角度对信息经济学进行研究，批判了传统经济学中的完全信息假设，探讨了信息的成本和价值以及对价格、工资等的影响，提出了"信息搜寻"的概念。 施蒂格勒强调了信息对消除经济主体所面临的不确定性的作用和信息的搜寻需要成本两个关键点，将信息与成本、收益联系了起来。 信息搜寻理论在后期研究者的发展和完善下，逐步成为信息经济学的基础理论之一。 20 世纪 70 年代信息经济学进入了拓展时期，特别是信息经济学的知识范畴和方法论体系发展迅速，并最终形成了一个独立的知识体系。 构成信息经济学知识体系的八大基础理论均在这一阶段被提出，并得到系统而持续的讨论。 如 1970 年乔治·阿克洛夫创立了"柠檬市场"理论，1971年赫什雷弗提出了"信息市场"理论；1972 年雅各布·马尔萨克和罗伊·拉德纳进一步完善了"团队的经济理论"；1973 年迈克尔·斯彭斯建立了"信号理论"；1976 年桑福德·格罗斯曼和约瑟夫·斯蒂格利茨提出了"格罗斯曼—斯蒂格利茨悖论"；以及在 20 世纪70 年代由詹姆斯·莫里斯等人提出并发展了"委托—代理"理论。这些理论与施蒂格勒的"信息搜寻"和雅各布·马尔萨克的"信息系统选择"理论一起构成了信息经济学的八大基本理论。 从 20 世纪 80 年代起至今，信息经济学的研究进入演进阶段，研究的重点由基本理论的创立转向理论的系统化和逻辑化。

完备信息是古典经济学的假设条件，而不完全信息和非对称信息是现实经济的普遍特征。 市场参与者在不完全信息和非对称信息条件下的经济行为和活动是信息经济学最重要的研究内容。 信息经济学认为，交易双方所拥有的市场信息通常是不对称的，拥有信息优势的一方会对其交易对手的利益产生直接或间接的损害。 如果这种行为发生在契约达成之前，则称为事前信息不对称，主要表现为逆向选择；如果发生在契约达成之后，则称为事后信息不对称，主要表现是道德风险。 从另一个角度讲，信息经济学在很大程度上就是关于不完全信息和非对称信息条件下的交易关系和契约安排的理论。

保险产品交易实质上是投保人通过缴纳保费向保险人购买一种遭遇预定损失后可以获得补偿的承诺。由于没有实体商品的交换，而是一种较纯粹的契约关系，保险交易对信息的依赖性更强，具体体现在，保险费率和赔偿数额的确定均需要根据投保人提供的信息。投保人在保险交易中是具有信息优势的一方，出于自身利益的考虑，在契约签订前后均有隐藏对自己不利信息的激励，从而可能给保险公司造成损失。因此，由信息不对称导致的逆向选择和道德风险是造成保险市场失灵的重要原因。农业保险市场作为保险市场的一部分，不可避免地存在信息不对称问题，而且由于农业生产的特殊性，该问题在农业保险领域表现得尤为严重。该特殊性表现如下：一是与农业保险标的物相关的土地、农作物等具有较强的异质性，保险公司根据这种异质性逐一厘定保险费率的成本过高，只能采取均衡保费的策略，投保农户对其生产资料掌握较多的信息，可以选择其中风险较大的生产资料进行投保，而保险公司难以对其进行限制，使投保标的的平均损失率超过均衡保费率，从而增加了保险公司发生损失的可能性；二是农业生产的对象是具有生命的动植物，其产量的好坏除了受自然灾害影响外，更重要的一个因素是农户的管理行为，而保险公司很难对这一过程进行有效监督，投保农户有在投保后降低风险管理投入，出现灾害后怠于采取减灾措施的激励，进一步扩大了保险公司的赔偿责任。

综上，农业保险市场存在较为严重的信息不完全和不对称特征，且信息不对称更多地体现在投保农户具有信息优势的方面，产生农业保险市场失灵的现象，严重影响了农业保险的持续经营，需要在农业保险产品设计中进行预防。

1.1.3 农业风险、风险管理与农业风险管理理论

无论是农业风险还是风险管理都涉及一个核心词汇——风险，在对相关理论进行阐述之前，有必要对风险的概念和分类进行归纳和总结。风险一词的应用十分广泛，在众多领域都有基于其特色的定义。根据本研究的主要内容，本书主要从风险管理与保险的学科视角对风险的概念进行简要归纳。在国际上，风险最早被表述为"事件产生坏结果的不确定性"[①]，或被表述为事件发生的不确定性[②]。随着学术界对风险规模度量的需要，风险又进一步被定义为："可测算的确定性"（Frank Heyneman Knight，1921）和"特定环境下某一时期可能发生损失之间的变动"（C. A. Williams，1990）。在国内，孙蓉、兰虹（2004）将风险视为未来结果的不确定性，并将保险领域的风险界定为损失发生的不确定性。[③] 孙祁祥（2009）认为风险是一种客观存在的、损失发生具有不确定性的状态。[④] 张洪涛（2006）认为风险是指人们在从事某种活动或者决策的过程中，预期结果的随机不确定性。[⑤] 综合国内外的关于风险的定义或概念发现，不确定性是其要点，且这种不确定性可以通过一些方式进行测算。如果将这种不确定性反映在经济结果上就是收益和损失，可以据此对风险进行分类。理论界一般将只可能出现不同程度损失结果的

---

① Willett A H. The economic theory of risk and insurance [M]. New York: The Columbia University Press, 1901.
② 乔治·E·瑞达. 风险管理与保险原理[M]. 10版. 刘春江, 译. 北京: 中国人民大学出版社, 2010:4.
③ 孙蓉, 兰虹. 保险学原理[M]. 成都: 西南财经大学出版社, 2010:2.
④ 孙祁祥. 保险学[M]. 北京: 北京大学出版社, 2009:8.
⑤ 张洪涛. 保险经济学[M]. 北京: 中国人民大学出版社, 2006:4.

风险称为纯粹风险，将既有可能出现损失结果又有可能出现收益结果的风险称为投机风险。由于保险的职能是对损失进行弥补，所以在保险学中，"风险"一般指代的意义是纯粹风险。

农业的生产经营活动包括多个环节，而各个环节中都有可能因外界因素而产生损失，这种损失的发生与否是难以提前预知的。因此，农业风险是指在农业生产经营过程中因灾害而导致各类风险损失的不确定性。这种不确定性可表现在三个方面：一是风险是否发生的不确定性；二是风险何时发生的不确定性；三是实际结果低于预期的损失程度大小的不确定性。①

农业风险的特征和分类。由于农业生产是自然生产和经济生产的结合，所以农业生产极易受到自然因素和经济因素变化的影响。而上述两种因素一旦发生变化，就会形成风险事故。这些事故有些只影响少部分农业生产者，被认为是非系统性风险；而有些产生的影响则会波及区域内的众多农业生产者，具有一定的系统性风险特征。此外，按照农业风险的来源可将农业生产面临的风险划分为自然风险、经济风险、社会风险和制度风险等，每一类风险都包含众多致灾因素，其影响范围也不尽相同，同样按照其系统性由弱到强的顺序，各类农业风险可以概括为表 1-1 所示。由表 1-1 中的各农业风险类型的致灾因素可以看出，只影响单个或少数农户的因素很少，大部分灾害影响范围很广，农业风险的区域性和系统性特征非常明显。

---

① 庹国柱,李军.农业保险[M].北京:中国人民大学出版社,2005:10.

表 1-1 农业风险的主要类型

风险类型	系统性:弱 ————————————————————→ 强		
自然风险	雹灾、霜冻、火灾、非传染性疾病	暴雨、洪涝、虫害、滑坡、火山爆发、污染	干旱、寒潮、传染性疾病、地震等
经济风险	非农收入的改变	土地价格改变	价格、利率、汇率波动等
社会风险	年老、死亡、丧失能力、假劣农资等	流行病	恐怖袭击、战争、内乱、农业政策、公共补贴等
制度风险	——	地域政策法规改变	区域或国家政策法规改变

资料来源:World Bank(2001),Holzmann 和 Jorgensen(2001),OECD(2009),黄英君(2009),Mahul 和 Stutley(2010),柴智慧(2014)。

风险管理正是为了合理应对各类风险而产生的一门系统性管理科学。 Williams（2000）将风险管理描述为通过对风险的识别、估计和控制,以最少费用支出将风险所导致的种种不利后果减少到最低限度的一种科学管理方法。[①] 在基于既定的风险管理目标和对风险的系统性分析的基础上,选择适合的风险管理方法是风险管理程序的重要组成部分。 风险管理的方法可以大致概括为三类,分别是损失控制、损失融资和内部风险抑制。 损失控制的手段之一是采取各类措施预防灾害的发生,称为损失预防;另一类是减轻灾害损失的程度,称为损失抑制。 损失融资是一种相对被动的风险管理方法,通过预先的损失融资安排,提供及时有效的经济补偿,而保险

[①] 小阿瑟·威廉斯,等.风险管理与保险[M].马从辉,刘国翰,译.北京:经济科学出版社,2000:16.

是一种重要的损失融资方式。 内部风险抑制的方式主要有分散化和增加信息投资，前者是利用不同经营活动风险变化的差异性来实现风险的对冲；后者则是利用信息实现对未来更精准的预测，降低风险发生的可能性。

农业风险管理是风险管理思想或理论在农业领域的应用。 孙蓉、杨立旺（1994）认为，农业风险管理是指利用各种自然资源和各种技术手段对各种农业风险及其损失予以管理的行为过程。 庹国柱、李军（2005）认为农业风险管理是一个组织或个人为了降低农业风险损失而进行的管理决策过程，其目的是在分析农业生产过程中风险因素和风险事故的基础上，选择和采用适当的风险管理方法，力争以最小的成本达到最大的分散风险的效果。

对应于风险管理的主要方法，农业风险管理的方法也可以概括为农业灾害的损失控制、农业灾害损失融资和内部风险抑制。 农业灾害损失控制的方法或工具主要包括农业基础设施建设、培育良种、农业技术指导和人工降雨等，目的是使灾害与疫情的频率和损失程度都尽可能降低。 农业灾害的损失融资途径主要是在灾害发生后，农业生产者可以通过自有储蓄、保险赔付和其他合约化风险转移手段或工具筹集资金进行恢复再生产。

在各种农业风险管理工具中，农业保险是唯一一种对农业生产经营全过程实施风险管理的综合性、市场化管理工具。 其全过程风险管理体现在以下几个方面：在农业保险产品设计阶段，保险公司即对区域内的主要农业风险因素进行识别，并根据历史记录对其大小和频率进行测算；在农户投保后，保险公司会利用自身在风险预警和预防方面的优势，组织农民进行防灾减灾活动，减少灾害造成的不利影响；在灾害事故发生后，农业保险作为一种融资渠道，能提供给农户一定的灾害补偿，减少其收入损失。

1.2 供给侧结构性改革的理论基础

"供给侧改革"的政策思想和理念是从 2015 年 11 月 10 日，习近平主席在中央财经领导小组会议上的讲话后开始进入公众视野的。习主席在讲话中提出"在适度扩大总需求的同时，着力加强供给侧结构改革，着力提高供给体系的质量和效率"。此后，"供给侧改革"或"供给侧结构性改革"又多次在全国或国际性会议场合被提及，供给方面的改革进入决策的公共讨论阶段，并逐步成为中国经济新常态下指导改革的新思想和新理念。"供给侧改革"或"供给侧结构性改革"从性质上看是政府部门从经济现象、政治政策现状出发，在权衡长、短期各方利益后所做出的政策行为选择，其本身必然综合了各类经济理论，是一个政治和经济的混合体。然而，其对供给侧的重视显然也受到了某些理论流派或学者的影响，本书尝试对"供给侧改革"政策理论基础源流进行回溯，以更深入理解"供给侧改革"的方向和路径，进而在农业保险领域中加以运用。

1.2.1 "供给侧"经济学派的供给决定理论

供给与需求是经济学分析中不可分割的两个部分，单独针对供给方面或需求方面进行分析都不可能形成完整的经济学理论。所以，经济学发展史上并没有出现所谓"供给经济学"，抑或是"需求经济学"。考虑到供给与需求在商品经济中不可拆分的特性，"供给经济学"未来也难以成为经济学的一个独立分支。然而，在各类经济学理论中对供给侧和需求侧的重视程度并不是均等的，不同的理论流派，甚至不同的经济学者都会对其中一个方面有所侧重，并据此提出针对特定方面进行改善的原理性建议。"供给侧"经济学派即是指传统和当代经济学理论中重视"供给侧"研究和应用的代表性学者和理论流派，主要包括萨伊、供给学派和供给管理或新供给主义经济学。

　　"供给侧"经济学派的开端可以追溯到 19 世纪初法国经济学家萨伊（Jean-Baptiste Say）提出的"萨伊定律"。萨伊在其 1803 年出版的代表作《政治经济学概论》中阐述了其关于供给与需求的观点，并认为市场机制可以自动调节以实现供给与需求的均衡。萨伊定律可以表述为三个部分的内容①：一是产品价值（生产成本）与其购买力相等；二是一种产品的购买手段来自出售另一种商品所获得的价值，或者说是供给创造自己的需求；三是货币只作为交易媒介而存在，引入货币不改变上述供给与需求的关系。因此，"萨伊定律"被不太严格的简化为供给决定需求或供给创造需求。虽然，萨伊在自己的著作中并没有以"定律"形式将其阐述得如此明确，但经过后继学者在理论上的延伸和拓展，"萨伊定律"对古典自由主义经济学的发展产生了重大的影响。即便是对该定律持反对态度的凯恩斯在对其进行评价时也做出了如下表述："从萨伊及李嘉图以来，经典学派都说：供给会自己创造自己的需求，这种学说不再以如此

① 肖林.新供给经济学——供给侧结构性改革与持续增长[M].上海:格致出版社、上海三联书店,2016:4.

简陋形式在今日出现。 不过它还是整个经典学派理论之骨干；没有它，整个经典经济学理论就要崩溃。"①从历史的角度看，"萨伊定律"不仅为早期经济学家对劳动分工、资本积累、国际贸易的分析以及对商业周期的认识奠定了理论基础，后期"供给学派"在对经济问题进行分析的视角和逻辑也与"萨伊定律"存在一定程度的相似性，不少代表人物也打出了复活"萨伊定律"的旗号。 因此，可以认为"萨伊定律"确实开创了"供给侧"学派的先河。

"供给学派"是在 20 世纪 70 年代，凯恩斯主义政策在现实经济中造成"滞胀"这一新的经济危机现象的背景下应运而生的。 由于凯恩斯主义的政策主张在解决美国 20 世纪 30 年代"大萧条"中所发挥的关键作用，在其后数十年中，凯恩斯主义一直在经济学领域中占据主导地位，各国政府也均采用凯恩斯主义的政策措施干预市场、拉动经济。 然而，在凯恩斯主义思想下通过人为扩大需求刺激经济增长的政策效果随着时间的推移而逐步减弱，甚至失效了，如 1980 年，美国经济通货膨胀率高达 13.5%，而 GDP 增速为-0.2%。经济学界对"滞胀"的原因和对策进行了探究，产生了许多经济学理论或流派，其中"供给学派"是其中具有代表性的一个分支。 供给学派否定了凯恩斯主义在宏观调控中以"需求侧"作为主要视角的认识，重新肯定"萨伊定律"着眼于供给的正确性和重要性，认为"供给侧"并非是由"需求侧"派生的次要因素，而是更主要的因素。② 其代表人物拉弗 （Arthur Betz Laffer） 提出了著名的"拉弗

① 凯恩斯.就业、利息与货币通论[M].陆梦龙，译.北京:商务印书馆,1987 年,第二章第 VI 节.
② 贾康,苏京春.新供给经济学[M].太原:山西经济出版社,2015:16.

曲线"，指出政府必须保证适当的税率，才能保证较好的财政收入，主张通过大幅度降低税率的方法来刺激生产要素的投入，以增加供给。供给学派的主要观点可以用一条简要的逻辑路线加以概括，即"经济增长—增加供给—增强刺激—利用减税—减少干预"。由于该学派的主张在政治层面满足了决策者的诸多诉求，而得以在国家宏观经济政策上付诸实践。20世纪80年代，美国里根政府及英国撒切尔夫人执政期间均采用了供给学派的相关经济理论，对本国宏观经济产生了较为重大的影响。

"供给学派"理论在实践中的效果没有如理论描述中那般顺利，里根政府的经济政策在一定程度上降低了通货膨胀率，增加了各阶层的收入，但对经济增长的刺激作用或效果并没有在其任期内显现，反而是减税政策引起的政府财政赤字广受诟病。后任的美国政府和全球重要经济体（特别是新兴经济体）在决策中重拾新凯恩斯主义的"反周期"调控的国家干预手段。在高新科技产业等"新经济"浪潮的引领下，世界经济缓慢复苏，这种需求侧调节的思想仍占据经济学的主流地位并在实践中显示出较积极的实践效果，直至2008年美国"次贷危机"引发全球金融危机。美国在应对此次经济危机的过程中，从"供给侧"进行了以"区别对待"为特征的救市政策①，大量公共资金选择性注入特定主体，直接从供给侧对宏观经济进行调控或干预，而不再局限于以往凯恩斯主义所强调的利用货币政策和财政政策单方向刺激需求的政策。这种"供给管理"的思想或理论抽象于21世纪美国宏观调控的实践，但已经不再是对"供

---

① 贾康,苏京春.新供给经济学[M].太原:山西经济出版社,2015:3.

给学派"政策的简单重复或重新启用，而是同时关注供给与需求两个方面的"一揽子"政策，只是在其中更注重供给侧在促进经济增长中的主导地位。国内经济学研究者也在对中国前期经济高速发展及近期增速放缓的理论逻辑进行解释的基础上，提出了有关产业政策的新结构经济学（林毅夫，2012）、重视"理性供给管理"的"中国式新供给经济学"（贾康，2015）、强调"供给创造财富、新供给创造新需求"的新供给主义经济学（滕泰，2016）和其他一些新供给学的理论。其共同特点是强调供需关系中供给侧的重要作用，并试图通过优化供给结构或放松供给抑制等途径增加有效需求，解决中长期的经济增长问题。这些理论的提出和理论探讨表明，"供给侧"经济学派进入了一个新的活跃时期。

从历史的角度看"供给侧"经济学派的演进，整体上可以概括为一种"螺旋式上升"的发展态势。这种上升体现在对宏观政策功能的认识由萨伊时期的"放任自流、不加管束"，经过供给学派"宏观政策可以在短期内刺激经济发展"的过渡，进一步上升为新供给经济学"可以通过供给管理手段调整经济结构、化解经济危机，从而使得经济长期发展"的认识。其理论研究内容的深度、广度以及包容性都得到了很大程度的提升，同时也在此期间扩大了"供给侧"经济学理论的影响力，其"螺旋式上升"的发展历程可以概括为如图 1-2 所示。

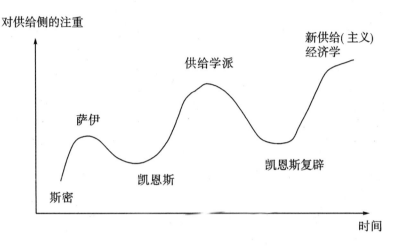

图 1-2　供给侧经济学派的发展历程

1.2.2　新供给主义经济学理论

自 2007 年以来，我国经济增长出现放缓趋势，经济增速逐年下滑，政府和学者将这种现象及其成因概括为"三期叠加"，即"经济增长换挡期""结构调整阵痛期"和"前期刺激政策消化期"。 在这种经济环境下，前期奏效的凯恩斯主义需求侧"三驾马车"的拉动作用难以使经济重返高速增长轨道，经济学界和政府决策层开始将目光投向供给侧。 基于对我国"供给结构不能满足需求结构变化"的现实认知和对供给侧经济增长因素的分析，国内逐渐形成了立足于供给侧分析的新供给经济学理论学派，其主要观点是"新供给创造新需求""供给在与需求的关系中处于主导地位"，可以通过放松行政性的供给约束，提高经济增长要素的效率，实现供给侧的结构性调整和升级。 其代表人物和早期研究者滕泰（2013）从微观理论基础、经济周期和经济增长的供给扩张原理等方面对其进行了较为系统的阐述，并为了与"凯恩斯主义经济学"和"新自由主义经济学"相对应或区别，将其命名为"新供给主义经济学"。

（1）宏微观基础

新供给主义经济学的微观理论是在萨伊"供给自动创造自身等量需求"的基础上提出的，并视其为一种理想状态，而该状态的实现是需要一定条件的。在技术更迭不迅速、商品种类不够丰富的萨伊时期，货币购买力是在追逐着稀缺的商品的，商品销售基本没有问题，"总产出＝工资＋租金＋利润＝总收入"的公式自然成立。但在物质商品极大丰富的当代经济中，买方市场的特征十分明显，消费者具有较大的选择空间，部分商品可能始终无法进入流通环节而转化为存货，上述公式就变化为"总产出＝工资＋租金＋利润＋存货"，供给与需求无法实现自动均衡。因此，"供给自动创造自身等量需求"要以需求完全匹配的供给为条件，老化的供给将降低供给创造需求的能力，不能实现供给与需求的等量均衡。新供给主义经济学中的"新供给"是指能够持续创造新需求、形成新市场的新技术、新产品或新的商业模式和管理模式。新供给以新产品或新的商业模式出现后，会通过改变人们的生活习惯、工业生产的产出效率和供给要素比例关系等，创造出新的需求和新的市场，引领消费升级，推动经济增长。

在宏观基础上，新供给主义经济学反对凯恩斯主义的需求侧因素分析法得出的理论和政策。结合凯恩斯本人的论述，从需求侧刺激和拉动经济的政策是为了应对短期内市场出现的经济危机，其目标是使实际经济增速尽可能接近潜在增速，使实际 GDP 接近潜在 GDP。而我们通常所讨论的经济增长是指经济的长期发展趋势，表现为潜在 GDP 的增长。 所以，用凯恩斯主义短期分析框架得出的以消费、投资和出口来拉动经济增长的这"三驾马车"很难实现真正意义上的经济增长。 新供给主义经济学从生产函数 $Y = A \cdot F$ $(K，L)$ 的角度进行分析，Y 是潜在 GDP，A 为技术水平，K 和 L 分别为资本和劳动投入，F 代表资本和劳动的组织方式或引申为制度。 其中，单纯由增加资源使用量 K 和 L 所引致的"外延型数量增长"因边际收入递减规律而不可持续。 新供给主义经济学主要关注由新型技术 A 和新制度 F 所引起的"基于效率的内生增长"。 由于技术创新和制度创新永无止境，即使资本和劳动的数量不变，A 和 F 的进步也有望驱动供给增加，且这种新供给的增加由于上述微观基础的原因自然会有新的需求与之对应，从而保持经济的增长。

（2）经济周期理论

与传统的经济周期理论不同，新供给主义经济学认为经济周期产生的原因在于供给创造（引致）需求的效率变化：当新供给创造需求的效率提高时，经济处于上升周期；当供给创造需求的效率下降时，经济进入下降周期。 一个经济体的供给结构所决定的供给创造需求能力的变化是形成经济周期波动的主要力量。 根据供给结构的变化，新供给主义经济学中完整的经济周期可以划分为新供给形成、供给扩张、供给成熟和供给老化四个阶段，如图 1-3 所示。 该经济周期的主体可以是一个经济体也可以是一个行业或产业，下面以一个产业为例进行分析。

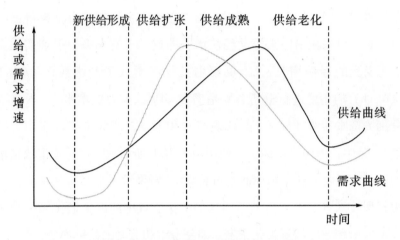

图 1-3　新供给主义经济学经济周期①

在新供给的形成阶段，新供给以新模式、新产品的形式出现，供给创造需求的能力开始提升，供给和需求的增速都开始回升，但由于消费者对新事物的认知和接受需要一定的过程，供给的增速仍大于需求的增速，但其差距逐渐缩小。提供新供给的厂商利润前景较好，投资意愿增强，有进一步扩大生产的激励，行业内的其他厂商也开始以模仿新模式或新产品的方式提供新供给，生产要素从供给老化领域逐步向新供给形成领域转移，要素的利用效率得到提升。

在供给扩张阶段，随着新供给在市场上得到进一步的认可，需求增速开始超过供给增速，更多的要素资源进入新供给领域，市场中更适应需求的新供给所占市场份额扩大，供给结构实现优化。参与新供给的厂商利润规模扩大，企业家信心增强，实体投资迅速增加，各类生产要素加速涌入新供给领域，行业的景气指数提升，发

① 滕泰.新供给主义经济学[M].北京:东方出版社,2016:21.

展进入繁荣阶段。

在供给成熟阶段，新供给已经成为市场上的主流模式或产品，供给创造新需求的能力下降，但供给仍在惯性增长，呈现出供给增速提高，需求增速明显回落的情况。 此时市场上的厂商基本进行同一模式或产品的生产，投资仍然惯性增加，但定价和议价能力减弱，行业增长速度虽没有出现明显回落，但要素的产出效率开始下降，行业潜在增长率下降。

在供给老化阶段，老化的供给无法创造等量的需求，供给增速随需求增速的下降而回落。 开始出现短期内难以消化的过剩供给，企业家信心下降，投资降低，大量生产要素闲置或处于低效率的利用当中，行业生产进入下行甚至衰退的轨道。

对一个经济体经济周期的分析与此类似，当一个经济体中大部分行业处于新供给的形成和扩张阶段时，这个经济体往往呈现出经济快速增长的繁荣状态；反之，如果较多的行业处于供给成熟或老化的阶段，其经济增速则相对较低，经济活力下降，整体经济处于平缓或向下的运行趋势。

（3）供给升级及其约束和突破

当一个经济体的整体供给结构出现老化不能创造与自身等量的需求时，就会出现经济增速放缓，甚至出现衰退。 供给老化的经济体或行业中存在大量闲置或低效的资本和劳动力，表现出生产效率低、创新能力差等特点。 面对老化的供给结构，过度依赖财政政策和货币政策进行刺激，虽然可以在短期内吸收部分过剩产能，减缓经济下行压力，但中长期可能变相激励过剩产能扩张，阻碍经济结构升级，不利于长期增长。 新供给主义经济学认为，改变供给结构老化的最终办法是供给升级引领消费升级①。 供给结构升级可以使生产要素从供给老化的产业向新供给形成和供给扩张的产业转移，或者实现从产业中的供给老化部分向新供给部分转移，从而提升供给创造需求的效率，使经济重新恢复均衡。

根据上述对宏微观基础的分析，促成新供给的关键因素——新科学技术、新模式和新制度都在企业和市场侧。 虽然新技术和新模式的产生和利用存在一定的偶然性，但企业作为市场上新技术、新模式的创新和利用主体在长时间内总可以实现供给升级，似乎供给升级是在市场力量的作用下自发完成的，根本不需要管理。 然而，由于政府一系列经济政策的存在，多少会对处于经济领域中的企业和消费者等微观主体产生影响，有些会抑制或阻碍供给升级的过程，具体表现为行政性供给约束。 行政性供给约束是政府部门设置的，独立于市场机制之外的管制，根据其产生原因的不同，可将其划分为直接约束和间接约束。 直接约束是指一些非市场因素对供给数量、供给价格或供给主体等进行限额或准入性限制，进而导致市场参与者受限和有效供给不足的供给约束。 间接供给约束是指由于货币政策或财政政策导致企业融资、税收成本或产品研发、推广成本上升，进而使企业盈利能力下降，新产品研发动力下降，并最终导致新供给无法形成或有效供给减少。

正是由于这些行政性约束的存在，政府在供给侧改革方面并不是无所作为的，其首要任务即是放松这些行政约束，对经济政策进行适当的优化，创造出有利于新供给形成的制度和市场条件，发挥

① 滕泰.新供给主义经济学[M].北京:东方出版社,2016:85.

适当的作用加速新供给的形成和扩张，并最终靠市场自身完成结构调整。

1.3　多层次农业保险产品结构的理论基础

1.3.1　多层次农业保险产品结构的内涵

关于多层次农业保险产品结构，现有的具有针对性的研究非常之少，一些主题近似的研究更多关注的是农业保险经营风险的多层次分散体系，即农业保险在面对潜在的系统性风险和巨灾损失时，应当如何安排事前风险转移和风险分散方式，以及事后的融资渠道和融资顺序问题。然而，这种农业巨灾保险体系较大程度上是作为一种支持体系而存在的，很难脱离保险产品集合并以管理同质风险的职能而单独存在。因此，多层次农业保险产品结构的核心应当是保险产品，通过对不同的保险产品的选择体现保障水平的"多层次"性，而不同类型保险产品的组合则构成了完整的供给结构，应当从此处着手对多层次农业保险产品结构的内涵进行解析。

农业保险有广义和狭义之分，本书讨论的重点是狭义的农业保险，即种植业和养殖业保险，且偏重其中的种植业保险。狭义的农业保险是农业生产者以支付小额保险费为代价，把农业生产过程中由于灾害事故造成的农业财产损失转嫁给保险人的一种制度安排。[①]"产品"一词在市场营销学中是指能为顾客提供某种价值的包括物体及过程在内的一个整体，即产品可以被分解为有形的物品即商品

---

① 庹国柱,李军.农业保险[M].北京:中国人民大学出版社,2005:33.

和无形的服务。① 对有形的产品，消费者可以购买前通过视觉、触觉和味觉等方式事先了解产品的性能；而服务产品则更多地体现为一种活动，它不固定或不物化在任何耐久的对象或可出售的商品之中，不可离开服务者而单独存在。 消费者购买产品，目的是为了获得产品所带来的效用或利益，强调的是产品的实质性。 所以，无论是有形的商品还是无形的服务，都是产品形式与其实质性的统一。而产品结构是在市场规模扩大、竞争加剧，消费者不再满足于单一、同质化的产品的情况下，产品生产者为满足消费者差异化的需要而提供的一系列产品或组合。 因此，可以把产品结构的概念界定为一系列产品、产品组合及其相关配套服务的集合。 结合上述概念或定义，可以对农业保险产品的概念进行界定。 农业保险产品是为了满足农业生产经营主体的农业风险的管理需要，由农业保险经营机构开发、设计和提供，由农业生产经营者购买后，在农业自然灾害或意外事故发生后获得经济损失补偿的一种个体金融服务商品，它包括产品的目标定位、赔付机制设计、产品定价和风险分散安排等内容。 依据农业保险产品的基本概念，农业保险产品的基本要素为：产品的服务对象为农业生产经营者，可以是个人或组织；产品的标的是农作物或农产品；产品的具体内容是对灾害造成损失的补偿，也可以延伸至对预期收益损失的补偿。

综上所述，多层次农业保险产品结构是在农业保险市场逐步发展完善的基础上，为适应农业生产者多样性的风险管理目标和保障水平要求，而由市场上的保险机构提供，具有较为明显的功能和保

---

① 邵焱,谭恒,刘玉芳.现代市场营销管理[M].北京:清华大学出版社,2007:2.

障水平差异，能够覆盖绝大多数农业风险的一系列农业保险产品、产品组合及其配套服务。

1.3.2 构建多层次农业保险产品结构的理论依据

多层次农业保险结构中"多层次"的构想是与农业生产经营者不同水平的风险保障需求密不可分的。 随着农业生产组织形式和生产方式的变化，农业生产经营者的风险管理方式也随之变化。 农业保险作为农业风险管理的重要手段和工具，其功能主要表现为风险转移和风险分散，也是农业生产经营者普遍采用的风险管理方式。 农业生产经营者结构组成的多元化，使其作为农业保险市场上的需求者时，对农业保险产品产生了多样性需求，一个完善的农业保险市场需要能够提供与之相匹配的农业保险产品供给。 而不同类型的农业生产经营者选择农业保险产品时主要考虑的内容是保障水平，即风险转移比例和自留比例，这就涉及决策主体对风险的态度，风险态度不同的主体会选择差异性的保障水平，进而表现为不同的农业保险产品或产品组合选择。 因此，可以采用风险偏好理论和前景理论等解释农业生产者多层次风险管理需求产生的原因，作为多层次农业保险产品结构构建的理论基础之一，通过分析风险偏好的各类影响因素，可以为各层次农业保险产品的设计提供指导。

（1）风险偏好理论

分析和界定"风险"的目的是为了更好地管理风险。 风险管理是指为实现一定的管理目标和策略，在全面系统及动态风险分析的基础上，对各种风险管理方法进行选择和组合，制定并监督实施风

59

险管理总体方案的决策体系、方法与过程的总称①。 传统的风险管理过程的基本步骤一般开始于风险识别，后续包括风险评估、风险监测、风险应对和风险报告等内容。 随着风险管理理论的发展，风险管理不再局限于与风险相关的客观事实的评测与应对，而将风险管理的范围进一步扩展，开始关注风险承担者表现出的异质性。 风险偏好决定了一个个体愿意承担风险的大小，风险偏好不同，风险管理的策略和方法也不同。

早期对风险偏好进行描述的理论是期望效用理论，该理论模型是作为早期更加严格的风险承担理论的替代理论而提出的。② 早期的风险承担理论认为一个抽彩的吸引力由该抽彩可获得期望收益决定，但该理论无法解释圣彼得堡悖论 (St. Petersburg Paradox)，从而说明人们在做决策的时考虑的不仅仅是期望收益。 期望效用理论就是在对该"悖论"进行解释的基础之上发展起来的，简单地说，该理论认为促使人们做出决策的原因不是期望收益的大小，而是期望效用的大小。 加布莱尔·格莱玛 (Gabriel Cramer) 和丹尼尔·伯努利 (Daniel Bernoulli) 分别对该"悖论"进行了解释，他们引入了VNM 效用函数 $U(\cdot)$ 来评估③。 该效用函数与消费者理论中普通效用函数不同，是基数效用形式，对其进行单调变化时必须保持函数形状不变。 假设两个 VNM 效用函数 $U_a(\cdot)$ 和 $U_b(\cdot)$ 分别代表不同风险态度的两个效用函数，其形状如图 1-4a、1-4b 所示。

---

① 孙蓉，兰虹. 保险学原理[M]. 成都：西南财经大学出版社，2015：9.

② 乔治斯·迪翁，斯科特·E·哈林顿. 保险经济学[M]. 王国军，马兰，译. 北京：中国人民大学出版社，2005：50.

③ 1944 年 John von Neumann 和 Oskar Morgenstern 在其著作《博弈论与经济行为》(Theory of Games and Economic) 中系统地阐述了期望效用理论，该函数也被称为冯·诺依曼—摩根士丹利效用函数，简称"VNM"效用函数。

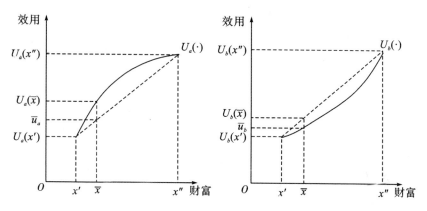

图 1-4a　风险厌恶者 a 的效用函数　　图 1-4b　风险偏好者 b 的效用函数

图 1-4　不同风险偏好者效用函数曲线

构造一个抽彩，每个参与者分别有2/3和1/3概率获得 x' 和 x'' 的财富，在图 1-4 中，$\bar{x}$ 给出了该抽彩的期望收益，u_a 和 u_b 分别是风险厌恶者 a 和风险偏好者 b 的期望效用。由图 1-4 可得，对风险厌恶者 a 有 $U_a(\bar{x}) > \bar{u}_a$，即相对于该抽彩，a 更偏好确定性的财富 $\bar{x}$，具有该凹性效用函数的个体属于风险厌恶型，在面对一个抽彩时，其更偏好抽彩产生的期望收益。与之相对的风险偏好者 b 有 $\bar{u}_b > U_b(\bar{x})$，b 更偏好抽彩带来的效用，具有该凸性效用函数的个体相对于获得该赌博的期望收益更倾向于冒风险，被称为风险偏好型。需要注意的是，个人的风险态度类型并不是预定和一成不变的，弗里德曼和萨维奇（1948）论述了在较低的财富水平下凹性效用函数在较高的财富水平时会变成凸性效用函数，这既可以解释个人购买彩票的冒险行为，也可以解释个人购买保险用以规避风险的行为。[1]

① Friedman, Milton and Savage, L J. Utility Analysis of Choices Involving Risk [J]. Journal of Political Economy, 1948, 56(4):279-304.

其后，阿罗（Arrow）和普拉特（Pratt）又对期望效用理论进行了完善和发展，进而可以通过曲率指标 $-u''(x)/u'(x)$ 度量效用函数的凹度决定风险态度和行为如何因财富或在不同个体之间呈现不同。

（2）前景理论

虽然期望效用理论在对现实的解释能力方面比风险承担理论更进一步，但其在解释一些涉及小概率或者同时包含损失和收益的决策时与现实存在较大偏差。产生这种偏差的原因主要是，期望效用理论采用的是"理性人"假设，即无论是何种风险态度类型，均采用给定概率对各种结果产生的效用求期望值，而不会对不同性质或不同大小的概率产生某种偏好，这与实际中行为不完全契合。基于此，一种更接近决策人现实行为特征的理论出现了，即前景理论（Prospect Theory）。相对于期望效用理论采用客观概率求期望值和 VNM 函数对不同结果的偏好进行比较，前景理论则构造两种函数与之对应，分别是决策权重函数 $\pi(\cdot)$ 和价值函数 $v(\cdot)$。假定有两个决策 A 和 B，决策 A 中出现结果 x_i 的概率为 p_i，决策 B 中出现结果 x_i 的概率为 q_i，利用前景理论，如果出现 $\sum \pi(p_i)v(x_i) > \sum \pi(q_i)v(x_i)$ 的结果，则决策者会偏好决策 A。在这一点上，前景理论与期望效用理论是基本一致的，关键的差异来自决策权重函数和价值函数的设定。决策权重函数实际上反映的是一种主观权重，如图 1-5 所示，横轴代表客观概率，纵轴则代表与之相对应的主观权重。决策权重函数曲线是一条斜率为正且小于 1 的曲线，曲线左端无限接近于 (0,0) 点，右端无限接近 (1,1) 点，分别表示不可能事件和确定事件的决策权重。需要注意的一点是，当 p 接近于 0 时，存在 $\pi(p) > p$，表明决策者一般对小概率事件有高估倾向。

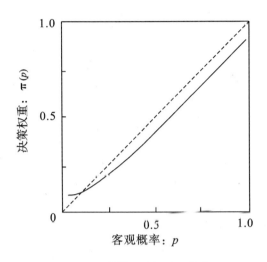

图 1-5　前景理论权重函数图

　　前景理论中的价值函数首先基于决策者的风险偏好选取了一个参考点（Reference Point），价值函数值的大小主要取决于相对于该参考点的收益或损失，反映的是收益或损失对行为人主观满意程度的影响。图 1-6 所示的价值函数是一种一般情况，在 S 形曲线的两端，处于左侧损失区域的曲线相对于右侧收益区域更加陡峭，反映大多数行为人是厌恶风险的。从图 1-6 中还可以得到一些较直观的结论，如 $v(x) < -v(-x)$，$-[v(-2x) - v(-x)] \geqslant v(2x) - v(x)$。即面对同等数额的收益或损失，行为人对其的主观价值判断是不同的，相对收益带来的正面价值，同等规模的损失造成的价值损失更大。

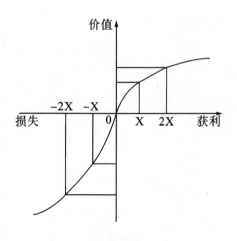

图 1-6　前景理论价值函数图

1.4　本章小结

首先，围绕本书的研究对象——农业保险，对其相关理论进行了梳理，并结合农业保险的特征进行了分析。其一，通过对外部性理论的阐述，明晰了外部性的判定标准、正负之分以及可能产生外部性的环节，从理论上说明存在外部性的商品需要市场之外的部门进行干预的原因；通过对公共物品理论发展进行阐述，发现对准公共物品的判定已经逐步摆脱了竞争性/非竞争性、排他性/非排他性非此即彼的判定方式，出现了线性函数或象限的判定方式。将上述理论拓展至农业保险领域，得出农业保险产品是在生产和消费两个环节均存在正外部性的准公共物品。其二，针对农业保险经营过程中较为突出的信息不对称问题，结合信息经济学中的相关理论进行了分析，得出农业保险市场存在较为严重的信息不完全和不对称特征，容易产生农业保险市场失灵。 其三，通过对农业风险管理理论分析得出，农业保险是一种综合性的农业风险管理工具，能够在风险管理的多个环节中发挥作用，但必须防范农业风险的系统性。 通过对上述农业保险相关理论的梳理可以看出，农业保险产品由于其自身的属性和特征，与其他商业保险产品相比，在经营中可能需要政府部门更多的干预。

其次，对供给侧结构性改革的理论基础进行了探究，分两个部分进行阐述：一是历史上重视"供给侧"的经济学派的发展情况；二是基于我国当代经济发展情况而逐步建立和发展起来的新供给主义经济学理论。 从前者的内容看，自萨伊开始，经"供给学派"到新供给（主义）经济学或供给管理，历史上的"供给侧"学派呈现"螺旋式上升"的发展趋势，每一次"上升"都体现了更强的包容性，但对供给侧的强调是一致的。 新供给主义经济学理论通过其宏微观基础阐述了"新供给创造新需求"的思想，并根据"新供给"形成和发展的各个阶段定义了新供给经济周期，并指出新供给创造需求的效率是引起经济周期的主要因素，且对于某一产业该经济周期理论也同样适用。 新技术、新产品和新模式是促成新供给形成和供给升级的主要动力，但现实中往往存在诸如管制、垄断或不合理的财政政策等约束，新供给主义经济学主张放松约束、解除抑制，创造良好的"新供给"环境，适当加速形成新供给和扩张的阶段，优化行业供给结构，提高行业资源利用效率，从而促进整体经济增长。

最后，农业保险领域的供给升级体现在其产品结构上。 之所以对农业保险产品结构进行层次划分，一方面是为了应对不同类型农业生产者差异化的风险管理需求，体现供给结构与需求结构相适应的原则，用风险偏好和前景理论进一步进行阐述；另一方面，可依据不同农业保险产品所处的新供给经济周期的阶段，对其实施差异化的管理和支持政策。

2 农业保险产品结构的国际比较及其在中国的构建

2.1 各国的农业保险产品结构

世界上的许多国家都根据本国农业风险状况和对农业生产的管理目标陆续开办了农业保险，形成了形式多样的农业保险制度和模式，也随之产生了构成迥异的农业保险产品结构。仅从保险经营模式上进行划分，世界范围内较具有代表性的有以下四类：美国和加拿大的政府主导参与模式、德国的政府资助的商业保险模式、日本的社会互助模式以及众多发展中国家的政府重点选择性扶植模式。从一般意义上看，无论哪种模式下的农业保险产品结构均有其适应本国农业经济的特征和优点，可供我国在农业保险产品研发中借鉴。然而，我国农业保险制度已经初步建立，农业保险业务也处于蓬勃发展之中，制度和路径依赖使得我国在借鉴国际经验时必须具有选择性。本研究选取美国和印度作为与中国进行国际比较的目标国家，主要是基于以下几点理由：一是中、美、印三国都是农业大国，农业都在其国民经济中占据十分重要的地位[①]，政府在对农业的

[①] 美国是世界上最大的粮食出口国；中国由于人口众多，"保障粮食安全"处于基本国策的地位；印度农业产值仅次于中、美，且在 GDP 中占比更高。

67

扶持态度上具有一定程度的相似性；二是三国均具有辽阔的国土，且分布在不同的气候区域，自然灾害类型复杂而多样，农业生产面临的风险具有一定程度的相似性；三是美国作为世界上农业保险市场最为完善的发达国家，分析其农业保险产品结构，对我国农业保险产品的开发具有重要的借鉴意义；四是美国农业生产的主要模式是家庭农场，与我国当前仍以小农生产为主体的模式差异巨大，而印度作为人口众多的发展中国家，其农业生产方式与我国更为接近，且其农业保险市场在国际组织的协助下发展出了产品类型较为多样化的结构，对我国有更为现实的借鉴价值（见图2-1）。

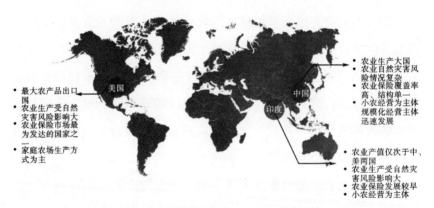

图 2-1　国际比较中各国农业经济特点示意图

2.1.1　中国农业保险产品结构

（1）中国农业保险发展历程——从农险产品的视角

我国对农业保险的探索和试验在 20 世纪 30 年代就已开始，但并没有形成得以延续的保险制度和保险产品。当前农业保险制度和农业保险产品结构的形成应当追溯至 1982 年农业保险的恢复与试验阶段。 党的十一届三中全会以来，我国开始实行改革开放，而这种改革始于农村的"家庭联产承保责任制"，该制度在极大地激发农村活力、调动农民积极性的同时，也使农户必须直接面对和承担农业生产中的各种风险。 为了保障农业生产的稳定，国务院决定恢复办理农业保险，保险业务起初由中国人民保险公司独家办理①。 在中国人民保险公司的努力下，农业保险业务稳步发展，保费收入从1982 年的约23 万元增加至1992 年的历史高点8.17 亿元，服务范围覆盖全国29 个省（自治区、直辖市），农业保险产品也不断增加。1993 年这种模仿商业保险运作的农业保险经营迎来拐点，由于经营范围的扩大，农业保险这种高赔付率的业务所造成的亏损逐渐增加，已经很难靠亏损拆解和收益高的保险业务进行补贴继续维持。面对市场经济下越来越激烈的竞争，中国人民保险公司不得不调整农业保险产品结构，停办了一些长期亏损的农业保险产品，并且不断收缩农业保险业务。 自此，农业保险市场出现产品数量和保费收入齐跌的局面，农业保险产品从最多时的100 多个险种下降到2003 年不足30 个，保费收入从1992 年的高点下降至4.32 亿元，仅占全国产险保费收入的0.5%。②

2004 年是中国农业保险发展的一个关键时点，中央一号文件首次明确提及农业保险制度的建设，并提出了部分产品和地区先试点，地方政府给予补贴的构想。 在该文件的指导下，保监会启动了中国农业保险的新一轮试点。 在机构设置方面，先后在上海、吉林、黑龙江和安徽设立了四家专业农业保险公司——安信农业保险

---

① 1991 年后变为各级地方政府支持,有关职能部门协作试办的多种试办模式阶段。
② 数据来自2004 年《中国保险年鉴》。

公司、安华农业保险公司、阳光农业相互保险公司和国元农业保险公司。 在试点区域方面，2004 年农业保险试点在我国黑龙江、吉林、上海、新疆等 9 个省（自治区、直辖市）率先启动，2007 年将试点区域扩大至中西部地区，并于 2010 年覆盖全国。 经营模式方面，除了采用与政府联办、为政府代办等多种形式开展农业保险业务外，还引入了外资保险公司参与农业保险试点经营，形成了一些具有区域经济发展特色的农业保险发展模式。 在财政补贴方面，2007 年中央财政开始在内蒙古、吉林、江苏、湖南、新疆和四川六省（自治区）开展农业保险保费补贴试点，首批享有补贴的农作物包括玉米、水稻、大豆、小麦和棉花五种，采用省级财政和中央财政共同负担的方式进行补贴，承担比例均为 25%[①]。 其后数年中，中央财政不断扩大补贴覆盖的农作物范围、增加补贴区域、提高补贴比例，逐步将中央财政补贴的农业保险产品覆盖至全国。 在保费收入方面，财政补贴的加入刺激了农业保险供求双方的积极性，农业保险保费收入迅速增加，2008 年我国已成为全球第二大农业保险市场，保费规模仅次于美国[②]。

2012 年国务院通过并颁布了《农业保险条例》（以下简称《条例》），并于 2013 年 3 月 1 日正式施行，农业保险经营终于有了可以参照的专门法规，是我国农业保险发展中的里程碑。 该《条例》以法规的形式确立农业保险的补贴政策，明确了中央财政和地方财政各自的权责界限，划定了农业保险经营者的组织形式和结构，对大

---

① 根据《中央财政农业保险保费补贴试点管理办法》，财金［2007］25 号整理得［EB/OL］. http://www. mof. gov. cn/zhengwuxinxi/caizhengwengao/caizhengbuwengao2007/caizhengbuwengao20077/200805/t20080519_26640.html.

② 冯文丽.中美农业保险补贴制度比较及启示［C］. 2011 中国保险教育论坛,2011:784.

灾分散机制做出了原则性规定，为以后的立法留出了接口。 2015年，根据保监会、财政部和农业部联合印发的《关于进一步完善中央财政保费补贴型农业保险产品条款拟定工作的通知》，对全国范围内的中央财政保费补贴性农险产品进行了一次升级改造。 该项改造涉及全国 30 余个省（自治区、直辖市）、15 类农作物和 6 类养殖品种，共 22 家保险公司的 738 个农业保险产品[①]。 主要针对现行农业保险条款较为陈旧[②]，无法适应我国不断加快的农业现代化进程的问题，对产品条款进行了修订。 这次修订的最主要特征是扩大了农业保险产品的保险责任，具体内容包括：将旱灾、地震等重大灾害纳入种植业保险的保障范围；将养殖业保险的保险责任扩展到了所有疾病和疫病；取消了绝对免赔条款等。 保监会还公布了其下一阶段的工作内容是制定主要农作物保险示范性条款，完善农业保险风险区划和费率浮动机制等。

（2） 现行农业保险产品保障水平及存在的结构性问题

根据中国保险监督管理委员会、中国保险学会农业分会和中国农业科学院农业信息科学院联合课题组于 2017 年 5 月发布的《中国农业保险保障水平研究报告》，农业保险产品的保障水平的含义有宏观与微观之分。 宏观层面的保障水平指农业保险能为该国或地区提供多大程度的风险保障；微观层面则是指为农户或农业生产者提供的收入保障。[③] 该研究用农业保险保障水平、农业保险保障广度和

---

① 中国经济网.中央财政保费补贴型农险完成全面升级［EB/OL］. http://finance.ifeng. com/a/20151116/14070244_0.shtml.（2017/1/25）.
② 此类保险产品合同条款多为 2007 年试点之初制定.
③ 中国保险监督管理委员会、中国保险学会农业分会和中国农业科学院农业信息科学院联合课题组.中国农业保险保障水平研究报告［R］. 2017.

农业保险保障深度，全面计量和评价了我国农业保险保障程度的大小。依据该研究结果，我国整体的农业保险保障水平由 2008 年的 3.67%增长至 2015 年的 17.69%，其中种植业保障水平由 3.8%增至 7.75%，整体呈递增趋势。然而，当将种植业保障水平与保障广度和保障深度两项指标结合起来看，种植业保险广度是推动种植业保险水平的主动力，与之形成鲜明对比的是，保障深度持续偏低且呈现持续下降的趋势，保障水平结构性失衡表现严重。造成这种结构性失衡的最终根源即是农业保险产品结构的不合理，主要体现在以下几个方面：

①传统农业保险产品的保障水平低且单一，无法满足多样化的风险保障需求

我国传统农作物保险产品提供的保险金额是基于制度建立初期农作物或牲畜的"直接物化成本"，而农业生产者进行生产的目的是获得农产品或与其等价的收入，该"直接物化成本"大约只能相当于对应收入的 30%，与生产者的期望收益差距较大。然而，大部分地区的农业保险市场上仅存在这种单一类型的农业保险产品，且没有附加性质的保险可以购买，农业生产者难以实现对保障水平的自由选择。

现阶段，我国的农业生产者类型可以大致划分为两类，一类是 20 世纪 80 年代"家庭联产承包责任制"改革产生的小农经营，另一类是响应 2012 年党的十八大"构建集约化、专业化、组织化、社会化相结合的新型农业经营体系"的号召而发展起来的新型农业经营主体，两者在许多方面都存在巨大差异。"家庭联产承包责任制"的小农经营曾一度解放了农村生产力，为中国主要农产品的自给自足

做出了重要贡献。然而，随着工业化和城镇化的深入发展，小农经营的模式已经呈现出一些不利于农业生产力发展的特征，主要表现为生产规模小、技术和机械化水平低、农业"副业化"和劳动力"老龄化"。近些年，在新型农业经营主体蓬勃发展的形势下，小农经营的数量和比例有所下降，但目前仍是农业生产者结构中的主体，对农业产量的贡献不可忽视。当前小农户从事农业生产的目的主要是为了"保自给""不荒地"和"要补贴"，不太关注产量和收益，对农业保险产品缺乏实际需求。现有的保障"直接物化成本"的农业保险产品对其相当于一种间接补贴，在成本增加不明显的情况下，提高小农户在遭遇灾害后的预期收入，使小农户不至"亏本"而愿意继续从事农业生产。近年来广泛出现的新型农业经营主体通过各种形式的土地流转初步实现了土地规模化，其类型主要包括专业大户、家庭农场、农民合作社和农业产业化龙头企业。根据发达国家农业发展情况的经验判断，这些新型农业经营主体将成为未来中国现代化农业生产的主力。新型农业经营主体相对于小农户，在经营成本上多付出了土地流转成本、劳动力雇佣成本等，即使在生产过程中通过引进先进的科技要素和农业机械，提高了土地生产率和劳动生产率，其总体生产成本仍要高于普通小农户，且生产风险也随生产规模同向变化，传统农业保险产品的保障水平远远不能满足其风险管理需要。然而，目前农业保险市场上除了传统农业保险产品外，极少有提供更高保障水平的农业保险产品，更不用说与新型农业经营主体的风险保障需求相匹配。在这种情况下，一旦遇到大型自然灾害，新型农业经营主体可能遭受严重打击，其中大多数有面临破产的风险。

②新型农业保险产品开发呈现"碎片化"的特征

随着新型农业经营主体对高保障的农业保险产品的需求愈加强烈，农业保险市场上的另外两个主体——政府部门和保险公司均参与到农业保险产品创新的进程之中。在政策支持上，中央财政主要支持关乎国计民生和粮食安全方面的保险标的，针对其余保险标的的保险产品则由地方政府给予支持。作为保险行业的监管机构，中国保监会支持全方位的农业保险产品创新，既包括基于政策性农业保险产品的创新又包括商业性农业保险产品创新。其在 2013 年《农业保险条例》正式实施后发布的通知文件①中明确指出："鼓励产品创新，满足不同层次的保险保障需求。"具体要求包括"鼓励各公司积极研究开发天气指数保险、价格指数保险、产量保险、收入保险、农产品质量保险、农村小额信贷保证保险等新型产品，不断满足农民日益增长的风险保障需要。对于新型产品，保监会将开辟绿色通道，优先接受报备"。可以看出，政府部门主要是从政策方面支持和推动农业保险产品的创新，并不直接参与农业保险产品的设计与开发。农业保险产品创新的主力是各地方的保险公司，产品创新主要围绕政策性农业保险的各种标的而进行，一些具体产品创新实践如表 2-1 所示。

---

① 中国保监会.中国保监会关于进一步贯彻落实《农业保险条例》做好农业保险工作的通知[EB/OL]. http://www.circ.gov.cn/web/site0/tab7308/info3889754.htm.

表 2-1　　　　　　　　农业保险创新性产品一览表

保险公司	产品类型	产品名称	试点地区	保险责任或保障水平
中航安盟	农作物产量保险	陕西省分公司玉米产量保险	陕西杨凌	以当地前五年平均产量设定约定产量,当实际产量低于保障水平时,保险公司负责赔偿差额部分的产量损失,保险金额为每 666.67 平方米 840 元。
中国人保	农作物产量保险	湖北省分公司水稻产量保险	湖北	—
安信农险	收入保险	水果种植收入保险	上海	—
安信农险	天气指数保险	西甜瓜梅雨强度指数保险	上海	梅雨期间,保险西甜瓜所在区域的暴雨日数累计达到三日以上(不含三日),并且累计降雨量超过本合同约定的"预定触发值"的,保险公司按约定赔偿。亩保险金额参照投保人前三年平均亩产量的 70% 与上一年田边交易价之积确定。
安华农险		玉米种植旱灾天气指数保险	吉林洮南	—
国元农险		①水稻种植天气指数保险 ②小麦种植天气指数保险 ③超级杂交水稻高温热害指数保险	安徽	①自 5 月 15 日开始,至 8 月 31 日止的累计降雨量低于 230 毫米;自 9 月 1 日开始,至 10 月 15 日止的累计降雨量低于 15 毫米;自 7 月 30 日开始,至 8 月 15 日止的累计高温差高于 8 摄氏度。每 666.67 平方米水稻保险金额 300 元。
江西省分公司		南丰蜜橘树气象指数保险	江西南丰	—
中国人保大连市分公司		獐子岛集团风力指数保险	辽宁大连	—

75

表2-1(续)

保险公司	产品类型	产品名称	试点地区	保险责任或保障水平
中国人保江苏省分公司	价格指数保险	夏季保淡绿叶菜价格指数保险	江苏	—
安信农险		蔬菜种植价格保险	上海	在保险期间内,由于市场原因,导致种的保险蔬菜的当期批发价格,跌至投保前三年的、本市市郊八家主要蔬菜批发市场同期加权批发均价以下的部分,保险人按约定负责赔偿。保险金额根据约定成本价或历史批发价确定。
锦泰财险		蔬菜价格指数保险	四川	—
安华农险		生猪价格指数保险	北京辽宁吉林山东四川等	在保险期间内,因本保险合同责任免除以外的原因,造成约定周期猪粮比平均值低于投保人和保险人双方协商确定的约定猪粮比时,视为保险事故发生,保险人按约定负责赔偿。
中国人保大连市分公司	价格保险	农产品期货价格保险产品	辽宁	在保险期间内,保险公司为农户提供价格下降风险的保障,只要农产品实际价格低于保险合同约定的目标价格,农户便可获得差额赔偿的保险。

数据来源:中国保险行业协会和中国保险监督管理委员会网站,经作者整理。

由表2-1可以看出,新型农业保险产品的开发主要集中在收入保险、产量保险和各类指数保险领域。除了生猪价格指数保险产品广泛覆盖了全国多个省份以外,其他种植业农业保险产品仅在个别省(市)进行试点推广,且保险标的多是具有区域性的水果和蔬菜。虽然这种发展现状与保险业"新国十条"中"地方支持保特色、保产量,有条件的保价格、保收入"这一政策导向相一致。但这种缺乏统一规划和顶层设计的分散化创新模式可能导致新型农业保险产品结构的"碎片化"，不利于解决农业保险市场上供给与需求错配的问题。 主要体现在以下几个方面：一是产品的平均开发成本较高。 每个新产品的出现都要经过研发过程，主要涉及市场调研和产品设计两个阶段，这一过程需要较多的技术支持和经验积累。 而目前这一工作主要由区域性保险公司和省级分公司完成，由于缺乏技术和经验，必须借助"外脑"，如购买精算服务等，这就提高了单个产品的研发成本。 从产品的推广方面看，同一类农业保险产品在设计方面具有一定的相似性，而各保险公司出于对自身知识产权的保护，一般不会向同业共享这类经验，其他保险公司在推出新产品时必须重新开始研发，这就造成了资源的浪费，提高了社会成本。二是新型农业保险产品不能与传统农业保险产品在保障水平上形成很好的衔接或配合。 针对小麦和水稻的天气指数保险产品并不是在现有政策性农业保险产品保障水平之上的延伸，而是出现了一定程度的重叠，农民只有在同时购买了两种农业保险产品的情况下才有可能获得较高的保障水平。 由于缺乏顶层设计，农户购买两种农业保险产品，并不能同时享受中央财政补贴，相当于传统农业保险产品对该新型农业保险产品形成了较大的挤出效应。 三是这种各自为政的产品设计和定价，主管部门难以判断其科学性与公平性，也容易给提供保费补贴的部门带来困惑。①

③财政补贴机制不利于新型农业保险产品的推广

政策性农业保险作为一种支农惠农政策，自然具有政府为其设定

① 庹国柱,王国军. 农业保险:改革推进与前景展望[J]. 中国保险,2015(1):29.

的政策目标，而为了顺利实现该政策目标，发挥农业保险的风险保障效果，政府为划定范围内的农业保险产品提供了固定比例的保费补贴。据统计，全国农业保险95%的业务是接受政府财政补贴的，纯商业性质的农业保险业务占比很小。① 新型农业保险产品的开发也主要围绕符合中央财政补贴标准的标的而展开。 在我国，政策性农业保险产品的一个显著特征即是享受财政保费补贴，而这种保费补贴还存在中央财政补贴和地方财政补贴的差异，以种植业保险标的进行说明，如表2-2所示。

表2-2　　　　　　　种植业财政补贴保费险种标的一览表

保费补贴主体来源	标的名称
中央财政	玉米、水稻、小麦、棉花、马铃薯、油料作物、糖料作物
地方财政	大棚蔬菜、种植香蕉、种植苹果、种植梨、露地种植西瓜、种植葡萄、种植柑橘

资料来源：根据"中央财政农业保险保险费补贴管理办法（2017）"②和相关文献整理所得。

享有中央财政保险费补贴的农作物标的的同时需要地方财政进行配套补贴，因此，像玉米、小麦这些大宗农产品实际上同时受到中央和地方两级财政的保费补贴，农民所承担的保费较少，农户投保意愿相对较强。 而享有地方财政补贴的农作物标的多是地方特色农产品，由地方财政完全承担保费补贴责任，补贴水平一般低于前一种方式的补贴水平。 在这种财政补贴机制下，新型农业保险产品

① 庹国柱. 论中国及世界农业保险产品创新和服务创新趋势及其约束[J]. 中国保险，2014
(2):15.

② 财政部. 中央财政农业保险保险费补贴管理办法[EB/OL]. http://jrs.mof.gov.cn/zheng-wuxinxi/zhengcefabu/201701/t20170125_2527637.html.

在设计和推广中可能会由于以下几个方面的原因而无法真正适配新的需求结构。

第一，中央财政补贴的目标险种保险责任过于单一。 根据《中央财政农业保险保险费补贴管理办法（2017）》（以下简称"补贴办法"），补贴险种的保险责任"涵盖当地主要的自然灾害、重大病虫害和意外事故等；有条件的地方可稳步探索以价格、产量、气象的变动等作为保险责任，由此产生的保险费，可由地方财政部门给予一定比例补贴"。 这样根据保险责任的中央和地方财政补贴义务划分，实际上将新型农业保险产品的补贴责任大部分划予地方财政承担。 虽然在国家层面的政策导向中，一直有意强调提高农业保险产品的保障水平，丰富农业保险产品结构，但这一财政补贴支持政策似乎与之并不契合。 无论是致力于提高大宗农产品保障水平还是拓展保障农产品种类的新型农业保险产品，最终的补贴压力都归于地方财政，进而出现新产品开发越多、保障水平越高，地方财政的负担就越大的现象。 因此，地方政府对新型农业保险产品给予的支持受限于当地财政的负担能力，阻碍了产品的创新速度和试验面积的扩大。

第二，中央与地方财政的保费补贴比例不尽合理。 我国中央和地方财政对保险费补贴采用的是"补贴联动"的方式，其初衷是调动地方财政对农业保险的支持。 然而，农业是高投入、低收益且具较强正外部性的产业，我国的农业大省往往也是财政弱省，虽然对高保障的新型农业保险产品有强烈的现实需求，但限于地方财政实力，不可能大范围推广高保障的农业保险产品。 其他省份虽然享受了农业生产稳定带来的收益，却没有为此支付足够的费用，此时，承担"转移支付"职能的中央财政理应承担更高比例的补贴责任，更为合理的安排地区之间补贴比例的差异。 以对种植业保险的保险费补贴为例，根据最新的"补贴办法"，除中央单位的补贴比例达到65%外，其余地区的中央财政补贴比例仅有35%~40%，且要求省级财政至少补贴25%，中央财政承担的责任相对偏低。 此外，我国东、中、西部地区财政收入差距巨大，而全国粮食主产区主要集中于中、西部地区，但中央财政对不同地区的差异化支持表现得并不明显，中、西部地区和东部地区的补贴比例差距只有5%。 这就产生了东部地区农业保险产品创新实验活跃；而中、西部地区对新型农业保险产品虽有需求，保险公司和地方政府却无力提供或支持的反差性局面。

第三，补贴范围内的农作物品种较少。 根据2017年的"补贴办法"[1]，享有中央财政补贴各类农、林、牧类品种共有15个[2]，而我国农产品种类数以百计，大多数都只能从地方财政获取少量保费补贴。 虽然这与我国中央财政支持保大宗农产品的政策导向相一致，但随着我国经济发展，居民食品结构的变化，这种范围狭窄的补贴方式将变得愈加不适宜，阻碍了农产品结构的调整。

2.1.2 美国农业保险产品结构

(1) 美国农业保险产品结构的建立

美国当前农业保险产品结构的建立是以私人保险公司在农业保

---

[1] 财政部. 中央财政农业保险保险费补贴管理办法（财金〔2016〕123号）〔EB/OL〕. http://jrs.mof.gov.cn/zhengwuxinxi/zhengcefabu/201701/t20170125_2527628.html.

[2] 种植业：玉米、水稻、小麦、棉花、马铃薯、油料作物、糖料作物；养殖业：能繁母猪、奶牛、育肥猪；森林：公益林和商品林；其他品种：青稞、牦牛、藏系羊、天然橡胶。

险市场上的失败和撤离为逻辑起点的。 在此之后的 1922 年,美国
国会曾通过决议调查农业保险问题,并得出"要取得农业保险的成
功,必须在全国范围内实施,并需要全面可靠的统计资料"①的调查
结果,不过该调查结果因农业经济糟糕的情况而未被重视。 直至 20
世纪 30 年代经济危机产生,主张通过加强政府干预来刺激经济、解
除危机的罗斯福总统上台,恰逢 1933—1934 年的旱灾使美国农业遭
受严重损失,大量农民破产,在凯恩斯主义的盛行和自然灾害造成
损失的共同影响下,罗斯福政府于 1936 年再次提出了举办农业保险
的议题。 1939 年美国国会通过《联邦农作物保险法》(Federal CNP
Insurance Act),依法在农业部内设立联邦农作物保险公司 (Federal
Crop Insurance Corporation,FCIC),开始了政策性模式下第一种农作
物保险——小麦保险的运营。 小麦保险的保险责任范围是"干旱、
洪水、冰雹、大风、冻害、雷电、龙卷风、病虫害和其他诸如此类
不可避免的原因造成的损失",保障水平是以往平均产量的 50% ~
70%。 小麦保险的经营开局并不顺利,在小麦总产量相对上年提高
的情况下,该保险的赔付率达到了 152%。 运行首年即出现高赔付
率的原因被归结为以下两个方面:一是费率厘定由于缺乏农场级别
的数据,精算师过度依赖县级的均值数据制定费率;二是保险合同
的可签约时间过长,农民在作物种植之后还可选择是否缴纳保费,
许多农民已经根据自身经验对灾害是否发生做出了判断,产生了明
显的逆向选择。 其后数年,虽然 FCIC 针对该问题进行了产量和保
费计量方法的调整,并于 1942 年增加了棉花保险,但由于赔款远高

---

① 庹国柱,李军.农业保险[M].北京:中国人民大学出版社,2005:62.

于保费收入，农作物保险经历了短暂的停办。 1944 年《农业调整法案》的通过，使农作物保险项目得以恢复，并于次年将标的范围扩大，增加了烟叶保险和玉米保险。 需要注意的是，新增加的两个标的都有两种保险类型，玉米可以投保生产成本保险和产量保险，烟叶除了生产成本保险外还包括烟叶质量保险。 1946 年，FCIC 开启了许多新的农业保险试验，如开始举办 3 年期小麦保险和棉花保险以减少逆向选择和销售成本；农民可以选择按照县域统一费率投保农场的农作物；允许农民在最高保障水平限制内选择保险金额，以较低保费购买较低保障。 在 20 世纪 40 年代后期，FCIC 缩减了农业保险的试点范围，但扩大了保险形式的试验，[①]并于 1947 年实现了综合保费收入超过赔款，联邦农作物保险经营开始进入稳定健康的发展道路。 50 年代，美国农业保险继续保持稳定化经营，在管理上不断进行微调。 60~70 年代，FCIC 为了扩大保险业务，吸引更多农民投保，对保费和保险金额进行了反复调整，恢复了按各农场不同的风险状况提供保障。 长达 40 年的农作物保险试验虽耗时甚久，但其影响范围并不算大，因为其保险标的的范围仅限于不需要联邦财政补贴的地区和农作物，截至 1980 年，在全美开展农作物保险试点的地区，投保面积仅占总播种面积的约 10%。[②]

1980 年，《联邦农作物保险法》重新修订并颁布实施，标志着联邦政府开始全面推行农作物保险。 相对于前 40 年的试点阶段，农作物保险的经营在几个方面呈现出了较大的变化：一是农作物保险被定为农业灾害保障的主要形式，FCIC 原则上可以承保所有在美国

---

① 如 1948 年推出了根据预定价格评估保额的综合农作物保险(multiple-crop)等。
② 庹国柱,李军.农业保险[M].北京:中国人民大学出版社,2005:65.

生产的商品农作物；二是私营保险公司可以申请参与农作物保险或再保险的经营，或以代理人的身份代售农作物保险并收取佣金；三是参与农作物保险的农民可依据其选择的保障水平获得不同比例的保费补贴，参与农作物保险经营的保险公司不仅可以获得经营亏损和经营管理费用补贴，还可以获得部分免税优惠。　这一系列的变化体现了联邦政府的两个"鼓励"：一是鼓励私营保险公司参与经营，以纠正政府直接经营农作物保险产生的市场扭曲和低效率；[①]二是鼓励农户参与农作物保险，正如早期农作物保险调查结果中报告的一样，必须要在大范围内经营农作物保险，不断提高参保率，才能保证农作物保险经营的持续和稳定。　其后数年中，联邦政府和 FCIC 一直致力于提高农作物保险的参保率，甚至出台了一些半强制的措施[②]，然而结果并不理想。　农作物保险的参保率虽然从 1980 年的 9.6%提升到 1992 年的 31%，但代价是 12 年间的综合赔付率达到了 247%。[③]　其原因大致可以归纳为以下三点：①存在与农作物保险功能重叠，存在较强替代性的农业政策。《农业改革法案》中有许多项目都包含灾害救助或补偿的内容，且这些项目多属于农民参与率较高的项目[④]，参与的农民相当于获得了不需要付费的农作物保险，很大程度上替代了对农作物保险的需求。　②美国农民阶层并不是普遍贫困的阶层。　虽然，20 世纪 80 年代，美国的农业总产值仅占 GDP 的 2%左右，但由于从事农业的人口少，地广人稀，农民并不属于社会的贫困阶层，部分农民还具有一定比例的非农业收入。　因此，相

---

① 自此以后,FCIC 逐步将直接业务向私营保险公司转移,目前已不再承担直接业务。
② 1988 年联邦政府将农作物保险购买与灾害救济款挂钩,参保率大幅提升。
③ 庹国柱,李军.农业保险[M].北京:中国人民大学出版社,2005:73.
④ 如价格支持计划和收入支持计划等。

当一部分经济状况较好的农民拥有灾后恢复生产的资金，并不将当前保障水平下的农作物保险视为最有效的风险管理工具，而宁愿选择风险自留。 ③FCIC 的保单设计和费率厘定仍不够完备。 由于缺乏足够的信息来评价各个农场的风险以及为了实现参保率目标而设置的一些临时条款，使农作物保险存在较为严重的逆向选择和道德风险问题。

1994 年通过的《联邦农作物保险改革法案》和 1996 年的《联邦农业提高与改革法案》（The Federal Agriculture Improvement and Reform Act of 1996），针对上述问题对农作物保险产品结构进行了较大幅度的调整，推出了一些为当代农业保险领域所熟知的产品类型，共同构成了当前美国农业保险产品整体结构的雏形。 调整的主要内容包括：

①取消"巨大灾害救助计划"，减少了农业支持体系内部项目对农作物保险的替代作用。

②建立巨灾风险保障项目（Catastrophic Risk Protection，CAT），提供包括旱灾、雨涝、洪水、雹灾、风灾等灾害损失补偿的多风险保障项目，属于产量保险。 不过 CAT 的保障水平较低，保障历史产量的 50%，发生损失后按预测价格的 55% 计算赔款，也被称为 50/55 项目。 因保障水平较低，保费也较低。[1]

③多风险保险保障项目，其实是一种多风险农作物产量保险，在 CAT 的基础上提供更高水平的风险保障，保障产量水平可由农户在 65%~75% 之间进行选择，发生损失时赔偿金额按约定价格计算，

---

① 目前仅需缴纳管理费,经济困难可以免交管理费。

且参加该项目后不需要购买 CAT。

④推出区域风险保险计划（Group Risk Plan，GRP），目的是防止道德风险。其保障的农作物标的包括大麦、玉米、棉花等 8 种，赔付机制不再按照农场产量的损失确定，而是将县域范围内预计产量的一定比例作为赔付标准，只有当全县平均产量低于该标准时，投保农民才能得到赔付。

⑤试办收入保险（Revenue Protection），其具体的保险责任是保障被保险人因灾害而导致的产量下降或因收货价格偏离预测价格两种因素引起的收入损失风险。是否达到"保证收入"是收入保障保险的触发条件，而"保证收入"数值的大小取决于投保人选择的实际历史产量保障水平和预期价格、收获价格中的较高者两个因素。其中，历史平均单产根据农场的历史平均产量确定，预期价格和收获价格则由期货市场上对应合约的价格决定。试验阶段的收入保险大体可分为五类①：团体收入保险、作物收入保险、农场总收入保险、收益保证保险、收入保护保险。

2014 年《农业法案》对农业保险产品结构做了进一步的补充和完善。该法案对农业保险产品结构进行了微调，增加了新的农作物保险项目——补充保险选择（Supplemental Coverage Option，SCO）和叠加收入保险计划（Stacked Income Protection Plan，STAX）两个保险项目，并相对增加了农作物保险部分的财政预算，使其成为农业领域仅次于农产品计划（Crop Commodity Programs）的第二大财政支持计划。新增的保险项目仍致力于提高农作物保险的保障水平，农

---

① 庹国柱,李军.农业保险[M].北京:中国人民大学出版社,2005:77.

业生产者在参与该计划时可选择保障水平，但不得超过独立农场产量保险项目保险金额的 85% 或区域产量保险项目保险金额的 95%。SCO 提供的保障水平还取决于投保农户选择的基础保险项目的保障水平，SCO 项目提供期望收入的 86% 与基础保险项目保障水平之间的差额。①

至此，随着美国收入保险产品发展趋于成熟，再加上 2014 年新增加的"浅层损失"保险项目，美国农作物保险产品结构已经日臻完善，能够让美国农户根据自身风险管理需要选择各种层次的保障水平，可选保障水平区间跨度很大，且能实现多样化的险种组合。

（2）美国农业保险产品的构成和运行机制

美国政府支持模式下的农业保险系统自 1939 年开始建立以来，经过 40 年的区域试点，十余年的全国范围推广和近 20 年产品结构调整后的飞速发展，已经形成了覆盖品类广泛、保障水平多样的农业保险产品结构。美国农业部下属的农业风险管理局（Risk Management Agency，简称 RMA）2013 年发布的一份报告中显示②，截至当年（2013 年），各类农业保险产品共有 517 种，覆盖 129 种农产品（包括牲畜），具有 425 种保险形式或方式。因此，从数量规模上看，美国农业保险产品结构庞杂，表 2-3 是 RMA 按保险计划类型统

---

① Donoghue E J O, Hungerford A E, Cooper J C, et al. The 2014 Farm Act Agriculture Risk Coverage, Price Loss Coverage, and Supplemental Coverage Option Programs' Effects on Crop Revenue[R]. ERR-204, U.S. Department of Agriculture, Economic Research Service, January 2016:7.

② RMA. The Risk Management Safety Net: Portfolio Analysis-Market Penetration and Potential [R]. 2013.

计的 2015 年、2016 年两年[①]的农业保险运营数据，并根据两年的保单数量和保费规模分别进行了排序。

表 2-3　　　　　　2015—2016 年美国农业保险运营数据　　　保费单位：美元

保险计划简称	2016 年		2015 年		按照保单数量排序	按照保费规模排序
	总保单数	总保费	总保单数	总保费		
APH	208 936	925 935 422	213 274	854 104 401	3	2
AQU	42	373 378	44	430 108	18	19
ARH	2 412	52 960 511	2 460	45 663 417	13	8
ARP	12 340	121 082 476	12 859	160 900 054	7	5
ARPHP	186	555 567	382	2 132 635	16	18
AYP	5 295	10 382 389	6 221	11 572 798	11	14
DOL	18 891	32 265 522	19 433	36 831 966	5	9
PRV	1 391	15 758 729	1 530	14 674 518	15	13
RAINF	28 541	288 348 524	26 540	209 025 947	4	4
RP	1 502 026	7 062 245 806	1 493 834	7 624 179 400	1	1
RPHPE	8 972	28 385 956	11 329	40 710 054	10	10
SCOH	204	529 466	325	204 521	17	20
SCOR	13 465	24 908 950	22 143	32 899 409	6	11
SCOY	2 342	3 732 994	2 728	1 378 055	12	17
STAXH	10	85 145	3	18 376	20	21
STAXP	12 156	91 623 343	11 975	95 173 502	8	6
TDO	9	20 620 239	10	14 222	19	15
VEGAT	4	15 727	4	16 060 583	21	16
WFRP	2 236	117 385 420	1 128	53 490 936	14	7
YDO	10 071	19 593 358	10 274	14 800 770	9	12
YP	368 307	434 838 701	392 091	456 944 845	2	3

注：根据 FCIC 数据（2017/1/16）更新整理所得。

---

① 2014 年新《农业法案》对农业保险项目进行了调整，这两年的运行数据更能反映当年农业保险产品体系。

　　本书研究的内容是多层次的农业保险产品结构，关注的重点是在产品结构中属于主流产品或发挥关键作用的产品。基于这个标准，参考保单数量和保费规模排名，选择保险计划中的主干产品，构成美国农业保险产品的多层次结构。总体上，美国农业保险产品结构可以分为三种类型，分别是产量保险、收入保险和气象指数类保险。

　　产量保险是以产量作为最终赔付依据的一类保险，包括区域或团体产量形式和个体产量形式，其重要产品形式如表2-4所示。

表 2-4　　　　　　　　　　美国主要产量保险产品

产品名称	赔偿内容和机制	保障水平或保额	政策支持
巨灾保险（CAT）	提供最基本保障，当产量低于预计产量的50%时进行赔付	产量损失超过历史产量50%的部分与农作物预定价格55%的乘积	保费由联邦政府全额补贴，投保农户仅需支付管理费
实际历史产量保险（Actual Production History，APH）	相当于CAT的更高保障水平，产量低于所选的产量保障水平时进行赔付	可选的的产量水平为历史产量的50%～75%（部分可达85%），价格水平为预定价格的55%～100%	提供部分保费补贴，补贴比例随保障水平提高而降低
产量保险（Yield Protection，YP）	与APH的基本一致，但预定价格是根据期货合约结算价格确定	价格水平为预定价格的55%～100%	
团体风险保险（Group Risk Plan，GRP）	针对大面积种植农作物，但县域平均产量低于预定产量水平时进行赔付	预定产量水平由FCIC根据历史产量确定，可选产量水平为预定产量的90%	
基于产量的美元计划（Yield Based Dollar Amount of Insurance，YDO）	保障由于自然灾害导致减产引起的价值损失	保额根据当地农作物种植成本确定，可选择和CAT一样或更高的保障水平	

　　收入保险产品是当前美国农作物保险产品结构中的主流产品，无论在保单数量和保费规模上都占据绝对优势。由于其风险保障功能与农民的风险管理需求十分契合，在试点之初便得到美国农民的广泛关注，并在近年来飞速发展，俨然成为美国农作物保险产品结

构的核心。 在 2016 年美国农作物保险的数据统计中，仅最基本的收入保险产品——收入保障保险（Revenue Protection，RP），其保单数量和保费收入分别占总体的 68% 和 76%①。 而来自收入保险类产品的保费收入在近几年中始终占据美国农作物保险总保费的 80% 以上。 收入保险类产品最基本的特征是其保险标的是农作物收入，赔付标准也依据收入来划定，代表性的收入保险产品如表 2-5 所示。

表 2-5　　　　　　　　　　美国主要收入保险产品

产品名称	赔偿内容和机制	保障水平或保额
收入保障保险（Revenue Protection，RP）	保障因灾害产生的产量下降或因收获价格低于预定价格而导致的收入损失风险，当实际收入低于保证收入时，针对差额进行赔付	保证收入由保证产量与预测价格和收获价格中较高者的乘积决定。保障产量在历史产量的 50%～85% 范围内选择，收货价格由期货市场确定
团体收入风险保险（Group Risk Income Protection，GRIP）	当县域每单位面积平均收入低于投保农户选择的赔偿触发收入时进行赔偿	风险管理署规定最大收入保障水平为预测价格的 150% 乘以该县的预测平均产量，投保人可在最大收入保障水平的 60%·100% 范围进行选择
实际历史收入保险（Actual Revenue History，ARH）	保障因灾害和价格波动所引起的投保农民收入损失，当实际收入低于投保农民选择的收入水平时进行赔付	—
全农场收入保障保险（Whole-Farm Revenue Protection，WFRP）	为农场中的所有农产品（含牲畜）提供保障，当农场实际总收入低于投保农民选择的农场收入一定比例时赔付	保障水平是农场预估收入和历史收入中的较低者与投保农民选择比例的乘积，选择范围的 50%～85%
补充保障选项（Supplemental Coverage Option，SCO）	并不是一种独立的保险，近似"附加险"，提高基础保险的保障水平	SCO 项目提供期望收入的 86% 与基础保险项目保障水平之间的差额

① RMA. https://www3.rma.usda.gov/apps/sob/current_week/insplan2016.pdf.（2017/1/23）.

气象指数类保险在美国农业保险产品结构中也占据重要的位置，不仅有 FCIC 研发的农业气象指数保险产品，还有私营企业提供的气象指数保险服务①，相当于对政府提供的农作物保险产品的再次补充。 在目前美国市场上，主要的天气指数保险产品有两种，一种是降雨量指数保险（Rainfall Index，RI）和植被指数保险（Vegetation Index，VI），其中 RI 在 2015 年和 2016 两年的总保单数和总保费数量位居第四位，是美国农民较为接受的农作物保险产品。 降雨量指数保险依托美国国家海洋和大气管理局下的气象预报中心，该指数反映了特定地区在某一时间段内的降雨量相对于该地长时期平均值的差异，并根据该差值的大小确定赔偿金额。 由于不同地区的气候条件不同，该保险计划将全国分为六个气候类型区域，分别设计对应的保险产品，并在其中若干县内进行试点。 植被指数保险是将归一化植被指数（Normalized Difference Vegetation Index，NDVI）作为赔付触发标准的一种保险产品。 NDVI 可以通过对卫星图像的光谱值进行反演而获得，它能够反映植物的生长情况，相应的也能与农作物的产量相联系。 本产品利用了美国地质调查局地球资源观测与科学中心的卫星遥感 NDVI 数据，确定特定地区 NDVI 的长期趋势，根据实际值与该趋势的偏离程度。 同 RI 一样，该产品也将全国划分为六个气候类型区域，并在特定区县进行试点。

从美国联邦农作物保险公司成立至今，美国农业保险市场历经数十年发展，期间经营模式也发生过较大的变革，已经形成了多层次的农业保险产品结构，各层次间在保障水平上相互衔接和补充，

---

① WeatherBill 公司 2006 年创立，为家庭和商业提供天气保险服务，于 2010 年改名为 The Climate Corporation，专注关于农业的天气风险保险服务。

层次内各种农作物保险产品几乎覆盖了在美国生产的所有农作物。因此，从微观产品角度看，美国农作物保险产品结构的运行是纷繁复杂的。但是，如果忽略各类产品保险标的和保险形式，仅以各层次保险产品提供的差异化保障水平作为重点进行分析，仍能对美国农业保险产品结构的运行机制得出较为明晰的认识。

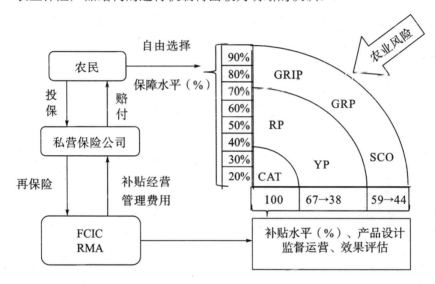

图2-2　美国农业保险产品结构及其运行机制示意图

如图2-2所示，美国农业保险的产品结构是由联邦农作物保险公司（FCIC）和风险管理局（RMA）根据以往的经营效果和农业经营风险的变化而统一设计并推出的。[①] FCIC目前已不再直接向农户出售农业保险产品，而是由私营保险公司向农户销售，并承担赔付责任。FCIC只需根据业务量向各私营保险公司提供经营管理费用补贴和再保险。农民可以根据自身的农业风险管理需要向私营保险

---

① FCIC现在鼓励私营保险公司研发新的保险产品，提交FCIC审核通过后即可销售。

公司购买农业保险产品，且能根据自身经营特点和风险厌恶程度在一定规则范围内选择产品保障水平或组合各种农业保险产品，以达到自身效用的最大化。 而市场上的农业保险产品可以根据其保障水平高低，大致划分为三个层次。 第一层次仅包括巨灾保障保险（CAT），根据其赔付机制，该产品仅能保障预期收入的 27.5%（50%×55%）左右。 第二层次至少包括收入保险（RP）和产量保险（YP）以及若干赔付机制类似的保险，它们与 CAT 形成了完美的衔接，根据农民可选择的最高投保产量比例和预期价格比例计算，该层次最高可将农业保险对收入的保障水平提高到 85%（85%×100%）。 第三层次则包括团体风险保险（GRP）、团体收入风险保险（GRIP）、补充保障选项（SCO）以及若干气象指数保险，该层次也同上一层次形成了良好的衔接，处于产量波动与县域产量波动较为一致地区的农民可以通过投保该层次的保险，使自身保障水平达到 90% 甚至 95%[1]，有更高水平的保障。 FCIC 根据不同的农民选择的保障水平不同，进行不同程度的补贴，除了 CAT 政府给予全额保费补贴外，其余层次的保险产品，补贴比例随保障程度的提高而降低。

2.1.3　印度农业保险产品结构

印度是一个农业大国和人口大国，拥有亚洲最大的耕地面积，约占世界可耕地面积的 1/10，13.3 亿的总人口中农业人口占 72%。[2] 由于庞大的人口规模，农业生产状况对其国民经济的发展

---

[1]　根据 SCO 的规定,可以选择区域产量的 95% 作为上限。
[2]　中国驻印度大使馆[EB/OL]. http://www.fmprc.gov.cn/ce/cein/chn/gyyd/ydgk/.

影响巨大。 然而，印度所处的地理位置由于受热带季风影响较为显著，降雨分布极不均衡，容易形成洪涝和旱灾，对农业生产极其不利。 农业保险作为转移农业风险、稳定农业生产的市场化风险管理工具，自印度独立后便得到政府重视，并着手进行了研究。 经过近60年的发展，印度的农业保险产品丰富，形成了一套以国家支持的农业保险产品计划为核心，多种商业保险产品为补充的多层次、全面化的农业保险产品结构。

（1）印度农业保险产品结构的演变过程

①研究和计划阶段（1947—1971 年）

印度政府于独立后不久就开始着手对农业保险的研究。 1947年，印度食品部与农业部递交了开展农作物保险和牛保险的提案，并展开了相应的调研和论证。 当时，印度政府关注的主要问题是农业保险以何种形式开展，因为有两种选项。 一是个体农作物保险，补偿单个农户的农业灾害损失；二是区域产量保险，将大面积产量变化或气候同质的地区作为保险的基本单位进行承保，区域内农户支付相同的单位保费，发生损失后获得相同的单位赔款。 由于区域产量保险很好地解决了个体农户产量数据缺乏的问题而作为优选方案由农业部向各邦推行，但各邦当时并未接受。 1961 年在印度旁遮普邦试办的小麦、棉花和甘蔗的一切险，由于缺乏财政资金支持没有得以持续和扩大。 1965 年，印度政府提出了一个保险法案，法案规定中央政府对邦政府的保险赔偿责任提供再保险，但由于邦政府需要承担较高的财政责任，该法案也没有得到各邦的支持。 1970年，一个专家委员会在农产品价格委员会主席的领导下，对各邦政府提出的反馈意见进行研究，并据此修订法案和试验计划。 在该委员会 1971 年的报告中，该计划由于财务上不可行而以失败告终。在此期间，农业保险试验只是在非正式框架下和分散化试点的规模上进行。

②实践探索阶段（1972—1998 年）

1972 年印度人寿保险公司推出了一个关于 H-4 棉花的个体农作物保险计划。同年，印度政府决定由政府直接组织和试办农业保险，并成立了印度综合保险公司（General Insurance Corporation，GIC），接管了 H-4 棉花的保险试验计划。该计划是印度第一个长期个体农作物保险计划，在其后的几年中保险标的范围扩展到花生、小麦和马铃薯等，该试验计划一直持续到 1979 年。在该计划的试验过程中，GIC 发现该农业保险的道德风险很难防范，因此经营成本很高。1979 年，GIC 推行了一个基于区域方法的试点农作物保险计划（Pilot Crop Insurance Scheme，PCIS），在该计划中农作物产量按照划分的区域进行评估，不需要评估区域中每一个农户的产量，进而减少了道德风险，降低了管理费用。该保险计划只针对有贷款的农户，具备条件的农户可以选择自愿参加，保险金额是贷款数额的 100%（后期扩大到 150%）。经过几年的实验，1985 年，印度中央政府推出了同样针对信贷农户的综合作物保险计划（Comprehensive Crop Insurance Scheme，CCIS），由各邦政府自由选择是否加入。最终有 15 个邦和 2 个中央直辖区选择推行该保险计划，一直持续到 1999 年。与 PCIS 类似，该保险计划也是一种基于区域方法的计划，投保标的包括谷物、豆类和油菜籽等。所不同的是，从金融机构获得生产粮食作物或油菜籽贷款的农户被要求强制参加。该保险计划的保险金额被限制在贷款金额以内（后期扩大到 150%），且保险费率固定（谷类与小米 2%、豆类与油菜籽 1%）。 对参与该计划的农户，中央政府和联邦政府按 1∶1 的比例各提供 50%的保费补贴，CCIS 项目的保费和赔款由中央和邦政府按照 2∶1 的比例分享和分担。 CCIS 保险计划从推行开始，运行了约 15 年的时间，其赔付率仍居高不下，保险公司始终处于亏损状态。

③综合发展阶段（1999 年至今）

针对 CCIS 运行过程中出现的各种问题，1999 年印度政府推出了国家农业保险计划（National Agricultural Insurance Scheme，NAIS），取代了 CCIS 计划，成为印度全国层面的农业保险计划。 NAIS 的目标是为农民的生产提供保险保障和资金支持，同时帮助农民稳定收入。[1] 该计划起初仍由 GIC 负责运营，在 2003 年政府组织下的印度农业保险公司（Agriculture Insurance Company of India，AICI）成立后，由 AICI 全面接管了该保险计划。 NAIS 相对于 CCIS 所做的改进主要体现在：其承保作物保险费率的确定是基于精算基础的；将承保区域扩大到所有邦与中央直辖区；投保对象不再限于拥有信贷的农户，非贷款农户也可以自愿选择参与该计划；更多的农作物标的被包括进来，并且有了明确的分类（分为粮食作物、油料作物、经济作物和园艺作物等）；此外，农户还可以按照阈值产量的百分比（60%、80%、90%三档）选择赔偿限额。 在财政责任分担上，与 CCIS 不同，NAIS 规定了一个期限为 5 年的动态调整期，不仅规定了可以根据 NAIS 的运营情况调整保费补贴数额，还安排了超额赔付在 5 年内的分担和转移方案。[2] NAIS 原计划于 2013—2014 年种植季终

---

[1] 邱昊颢. 印度农业保险发展研究及启示[J]. 上海保险，2012(10)：47.
[2] 张瑞纲. 印度农业保险项目研究[J]. 区域金融研究，2014(4)：33.

止，但基于各邦政府的利益和选择，NAIS 在少数几个邦可运行至 2015—2016 年种植季。

2003 年，印度工业信贷投资银行伦巴德保险公司（Industrial Credit and Investment Corporation of India Lombard General Insurance Company，ICICI Lombard）在世界银行的技术支持下开发了降雨指数保险，并与印度小额金融机构 Basix 合作在印度首次开展农业天气指数保险试点。该天气指数保险产品的每一份保单都与距离保单持有人所在地最近（20km 以内）的气象站挂钩，以气象站数据作为理赔依据。其后，经过了 4 个阶段的试点，ICICI Lombard 不断在保单设计、保费计算和保险赔付等方面进行优化，直至 2006 年，保单内容趋于稳定，开始向更广的区域覆盖和承保更多种类的农产品和风险的方向发展。自 ICICI Lombard 开始农业天气指数保险试点之后，包括 IFCCO-Tokio 等公司也都相继进入该领域。2007 年，印度开始在 20 个邦试点具有一定强制性且享有政府财政补贴的农业保险产品计划——基于天气的农作物保险计划（the Weather Based Crop Insurance Scheme，WBCIS）。该计划的目标是应对各类不利天气导致的农作物减产，缩短理赔时间，是一个在全国层面开展的天气指数保险计划。由于 WBCIS 产品具有天气指数保险固有的理赔成本低，赔付速度快的特点，得到了许多邦政府的支持，一些邦已经用 WBCIS 替代了 NAIS。[1] 随着 2007 年和 2010 年逐步放开农业保险市场对私营保险公司的准入限制，在天气指数保险产品领域，出现了各类保险机构共同经营 WBCIS 产品与各种商业保险产品共同竞争的

---

[1] 梁春茂. 美、日、印三国农业保险组织运行体系的经验与启示[J]. 理论月刊，2016(6)：178.

局面。

为了修正 NAIS 在前期经营中存在的索赔农作物产量估算效率低下、超额损失补偿赔付缓慢等问题①（可达 9 ~ 12 月），进一步扩大农业保险的覆盖率，2010 年改进的国家农作物保险计划（Modified National Agricultural Insurance Scheme，MNAIS）开始试点。 其中最显著的变化是，农户保费和政府补贴都要在农作物季节开始前预付给承保方，改变了无预先资金安排的灾后政府补贴，并对农作物的收割实验过程进行了安排（采用了新技术，如卫星遥感图像等），农民可在农作物收获一个月内获得相应赔付。 相对于 NAIS，新计划还有一些其他方面的改进，如保费补贴提高至 75%，最低赔付提高至保额的 70%，私人保险公司也可以参与竞争性经营等。

2013—2014 年种植季，印度政府推出了一个新的"国家农作物保险计划"（National Crop Insurance Programme，NCIP），但它并不是一系列新的农业保险产品，而是将现有的国家层面保险计划整合进该计划中，进行整体规划和发展。 该 NCIP 主要包括前述的 MNAIS、WBCIS 和椰子树保险计划（Coconut Palm Insurance Scheme，CPIS）。 印度政府希望通过这种统一的规划和整合提高农业保险的覆盖率，并设定了预期目标。 印度计划在 2017 年将农业保险覆盖率从 30% 提高到 40%，以减轻农民因气候变化承担的生产风险。②

（2）印度现行农业保险产品结构的构成

印度现行农业保险产品结构中，最传统的农业保险产品可以追

---

① 卿凤,鲍文. 印度农业保险发展及其启示[J]. 中国农学通报，2015(5)：289.
② 新华网[EB/OL]. http://www.twwtn.com/detail_231619.htm(2017/2/3).

溯至 1999 年 NAIS 中的原型，因此 1999 年也是印度新时期农业保险产品结构构建的起始年。 在此后的十几年中，印度的农业保险业沿着国际上农业保险产品创新的趋势进行了多种尝试，如天气指数保险、农户收入保险计划（the Farm Income Insurance Scheme，FIIS）等，但其中经历了实践考验，而在现行农业保险结构中担负重要作用的农业保险产品可以概括为两类。 一是以 NAIS 或 MNAIS 为主体的区域产量保险；二是以 WBCIS 为主体的天气指数农业保险产品。 现对其产品特点、承保风险和财政支持情况进行归纳，如表 2-6 所示。

表 2-6　　　　　　　印度现行农业保险产品结构

保险类型	区域产量保险		天气指数保险	
计划名称	国家农业保险计划	改进的国家农业保险计划	基于天气的农作物保险计划	嵌入式天气指数保险
供给主体	AICI	AICI 和私营保险公司	AICI 和私营保险公司	私营保险公司
特点	法律强制	自愿投保	自愿投保	市场化，自愿投保
承保风险	天气灾害引起的产量损失		各类与天气指数相关的产量损失	天气相关产量损失，作为信贷合同的一部分，改善贷款利率和授信额度
财政支持	中央和地方两级财政补贴。对中小农户补贴保费的 75%，其他农业者 50%；对超过保费收入的赔偿，政府承担 100% 的责任		政府提供 50% 的保费补贴	商业化费率

印度农业保险产品经过数十年的创新与优化，最终形成了一种区域产量保险与天气指数保险相互补充与配合的二元产品结构，由

于区域产量保险可以选择赔付水平①，从而也实现了多个保障水平的选择。 区域产量保险由于承保的灾害种类多，参保单元相对较小，最终赔付依赖于区域内农作物的产量，因而能够相对准确地反映农民实际损失的情况，弥补其损失；基于天气指数的农作物保险为了便于理解，一般只包含了单一天气指数，与农民最终的实际损失可能存在较大差异，但其赔付极其迅速，能够满足农户恢复再生产的资金需要。 两者的特点相互配合，可以满足不同农户抵御农业风险的需要。

2.2　国际农业保险产品的结构特征比较与趋势判断

一个国家农业保险发展的情况可以用农业保险的保费收入规模、保险深度和保险密度来反映，而判断该国农业保险产品结构是否与农业生产相适应则必须回归到农业保险的产品上，包括产品的整体结构和各类产品的功能定位等。 由于农业保险具有很强的政策性，财政补贴和产品运营中的政府职能也是影响农业保险产品结构的重要因素。 本书将从保险责任、保障水平、保险单元和保费补贴四个方面对比中、美、印三国的农业保险结构，以归纳出他国农业保险的产品优势和整体趋势，供我国在农业保险产品结构升级过程中进行借鉴。

---

① MNAIS 中分 70%、80% 和 90% 三档。

2.2.1 保险责任方面

保险责任的内容也可以分为两个维度，分别是保险保障的风险责任范围和保险赔偿责任数额。

首先分析保险保障的风险责任范围。 我国目前的农业保险产品主要是享有政府保费补贴的"多风险"或"一切险"农业保险产品。 根据 2015 年中国保监会、财政部和农业部共同下发的关于农业保险产品条款拟定的通知，种植业保险的责任包括但不限于暴雨、洪水（政府行蓄洪除外）、内涝、风灾、雹灾、冻灾、旱灾、地震等自然灾害，泥石流、山体滑坡等意外事故，以及病虫草鼠害等生物灾害。 美国保险产品结构中最主要的两类产品是产量保险和收入保险，产量保险产品的保障责任范围与我国基本一致，包括各类自然灾害造成的农作物产量损失，收入保险则将市场价格波动风险包括在内。 印度的 NAIS 也是一种产量保险产品，保障的风险范围是自然火灾、风灾、雹灾、洪水、旱灾和病虫害等。 中、美、印三国的天气指数保险产品，各产品之间的保险责任范围存在一定差异，但大多将气温和降雨量作为主要的保险责任认定因素。 因此，从保险风险责任范围或致灾因素的范围上看，三国的农业保险产品并没有太大差异，基本都覆盖了多重灾害，但其保险赔偿责任数额的确定却存在很大的差异。

与美国和印度的产量保险产品的保险责任与最终产量的经济价值相联系不同，中国农业保险产品的保险金额是与直接物化成本挂钩的。 我国的农作物保险产品中其实暗含了一个这样的假设，即投入的物化成本均匀地分布在收获的农产品中。 一旦发生灾害损失，农作物保险产品只负责赔偿损失产量中包含的直接物化成本。 从表面上看，这是农业保险的经营和管理部门为限制农业保险的赔偿责任，降低农业保险经营风险的一个设计，但该设计的效果究竟如何，本书尝试用一个简单的进行阐述。 考虑到印度的产量保险是区域性的，针对个体的农业保险产品中保障的风险范围与我国比较一致的是美国的巨灾风险保障计划CAT，本书将针对这两个产品进行比较分析。 假设两种产品面临同样的灾害损失分布，且损失的概率随损失程度的增加而减小，且无免赔额限制。

由表2-7的内容可以看出，我国传统农业保险产品的累计风险大约是CAT产品的12倍，高风险意味着高保费，需要更多的财政补贴才能够支持，这与国家补贴农业保险，期望实现"低保障、低保费、广覆盖"的原则相悖。 我国传统农业保险产品覆盖了从轻微减产损失到全损的全程损失赔偿责任，而CAT只对严重灾害损失负有赔偿责任，其余损失区间则由美国农业保险产品结构中其他产品负责赔偿。 此外，传统农业保险产品的赔付多表现为对较低程度损失的补偿，在严重损失发生时赔付率并不比CAT产品高，甚至不足以弥补农业生产者投入的成本，这与农业保险产品保障农民灾后的恢复再生产能力的功能不甚匹配。

表 2-7   中美农业保险产品风险差异

减产比例	发生概率①	中国传统农险产品赔付占其保险金额比例(%)	美国 CAT 赔付占其保险金额比例(%)	中国传统农险产品风险②	美国 CAT 风险
10	0.257 1	10	0	0.025 71	0
20	0.228 6	20	0	0.045 72	0
30	0.2	30	0	0.06	0
40	0.171 4	40	0	0.068 56	0
50	0.085 7	50	0	0.042 85	0
60	0.028 6	60	20	0.017 16	0.005 72
70	0.011 4	70	40	0.007 98	0.004 56
80	0.008 6	80	60	0.006 88	0.005 16
90	0.005 7	100	80	0.005 7	0.004 56
100	0.002 9	100	100	0.002 9	0.002 9
累计风险				0.283 46	0.022 9

2.2.2 保障水平方面

表 2-8 给出了中、美、印三国种植业保险产品在保障水平上的差异。 由表 2-8 可以看出，美国农业保险产品在保障水平上层次性最强，实现了多层次的保障。 其中美国的 CAT 项目提供最底层的保障，其保障水平与我国目前农业保险市场上主流的传统农业保险产品相近。 从其赔偿限额和两国的农业生产成本的比较来看，两种产品的保障水平均不能覆盖农民的生产成本，相对来说，印度单一产

① 根据周县华等(2012)减产概率进行归一化处理。
② 将全国承保的产品产值视为 1,风险为其期望赔付的大小,单位为 1。

表 2-8　　　中、美、印三国种植业保险产品的保障水平差异

农产品收入(%)	中国	美国	印度①	
100				WBCIS 产品的 保障水平
90		GRP、GRIP 和 SCO 产品的保障水平		
80				
70				
60		产量保险和收入保险 产品的保障水平		
50			MNAIS 产品的 保障水平	
40				
30	传统农业保险 产品保障水平	CAT 产品的保障水平		
20				
10				
0				

品的保障水平最高，最低赔付可达到产量的 70%②。 从这个角度来看，中国的成本保险产品应对政府对政策性农业保险设定的"低保障、广覆盖"的政策目标似乎也是合适的。 但实际上，保障水平同时受保险金额和免赔率的影响。 从免赔率上看，CAT 的免赔率高达50%，且是绝对免赔；中国成本保险不允许设置绝对免赔，相对免赔率一般设置为 20%~30%，总体的免赔率要低得多。 因此，从表面上看，中国成本保险产品提供的保障水平似乎与美国 CAT 一致，但两者确定的基础不同，前者主要是考虑所投入的物化成本，而后者则主要是所选价格与期望产量的一定百分比构成，考虑到免赔率等

① 之所以印度的保障水平没有衔接,是因为有些邦限制农民同时参加两个保险计划。

② MNAIS 中的保障水平,但由于是区域产量保险,这种赔付可能存在不确定性。

因素，中国的保障水平实际上是要比美国 CAT 产品高的。 并且在 2015 年各农业保险主管部门对农业保险产品进行了新一轮的改革升级后，成本保险产品的保险责任扩大、赔付标准提高，也必然会提高传统农业保险产品的保障水平，这就与传统农业保险产品的政策目标出现一定程度的偏离。 考虑到美国和印度都有国家层面的多样化保险计划或产品，以提供更高水平的保险保障，我国农业保险产品结构的保障水平设置不尽合理。

2.2.3　保险单元方面

保险单元的选择是农业保险经营中非常重要的一个环节，它是在损失事件发生后，产量或收入损失以保险单元内的所有土地平均计算，而不是以实际受损的土地面积计算。 从农业保险产品的供给方看，保险单元的选择关系到保险公司成本计算和政府补贴效率的问题；从需求方看，农业生产者选择不同的保险单元，其获得的赔付与实际损失的一致性程度也不同。

美国农业保险产品的保险单元选择具有多个层次，具体包括全农场单元（Whole Farm unit）、企业单元（Enterprise unit）、基本单元（Basic unit）和选择性单元（Optional unit）。 按照各保险单元的大致面积由小到大排列，美国农业保险单元可以划分为三个层次，如图 2-3 所示。

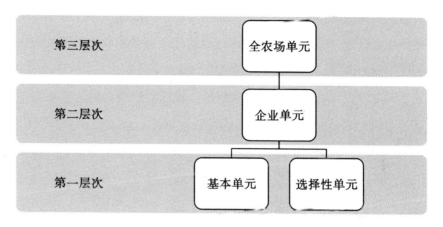

图 2-3 保险单元的层次划分

第一层次包括基本单元和选择性单元。 基本单元，指的是同一承租人在某一县域范围内种植指定农作物的全部土地，每个单元单独计算保险金额和赔付额。 选择性单元则是在基本单元的基础上，根据地块记录把基本单元范围内的地块进一步细分，即农民在农场中每个地块都可以作为一个保险单元。 第二层次是企业单元，指的是该农场中种植每种农作物的所有土地分别作为一个保险单元，当某种农作物实际产量低于保险产量时，农民将得到低于部分的赔款。 与基本单元的区别是，企业单元不再区分土地的承租人结构如何，相对于基本单元其承保面积更大，其平均产量降至赔偿触发条件的可能性更小，保费相对较低。 第三个层次是全农场单元，指的是该农场中所有的农作物全部作为一个保险单元，当其中一种农作物发生损失而其他农作物产值足以弥补损失时，在该单元下不会获得赔款，只有当农民的全部农作物实际产量低于保险产量时，农民才能够得到损失部分的保险赔款。 从承保风险上，选择性单元赔付标准被触发的可能性最高，所承担风险最大，其精算费率也最高。

105

美国农业保险产品根据产品类型的不同，分别选取四种保险单元的数据厘定保费，进行销售和赔付。 目前产量保险和收入保险均提供企业单元的选择，全农场单元仅适用于收入保险。

印度的农作物产量保险本身就是一种区域产量保险，它相当于在企业单元的层次上对农业保险保单进行设计。 目前运行的 MNAIS 采用了精算保险费率，在计划单元的范围上进行费率厘定，赔付也依赖于同一区域的收割实验，再根据区域内各农户的土地面积按比例进行赔付，实现了损失单元与理赔单元的一致。

而在我国农业保险费率是根据省级农作物损失的历史经验数据厘定的，而赔付则是以每个投保农户的土地为单位进行的。 虽然精算师在初步测算后还将根据未来情况进行调整，但是调整中的一系列保守假设根本无法将省级层面的损失单元与农民家庭层面的赔偿单元相联系。 因此，中国农业保险的定价过程还存在着非常大的"单元不一致"风险。

2.2.4 保费补贴方面

实践经验证明，没有政府财政补贴的纯商业化农业保险市场是很难形成和存在的，世界各国均对农业保险进行各种形式的补贴，特别是像中、美、印这样的农业大国以及一些经济发达国家，农业保险的保费补贴占农业保险总保费收入的大头。 既然对农业保险进行补贴已经成为各国农业保险实践中的一种共识，那么在该领域需要进一步研究的问题就是如何提高农业保险补贴的效率，或者如何实现农业保险补贴的效用最大化。

自 2007 年我国开始实施农业保险保费补贴政策以来，我国一直

实行的是一种比较"平"的农业保险补贴政策，即农业保险保费补
贴比例不随保障水平变化而变化，只是在不同区域之间体现了一定
的差异性。 美国在19世纪80年代即已实现对不同的保障水平提供
差异化的补贴，补贴比例随农民选择的保障水平提高而降低。 这体
现了农业保险重点保障基本的农业恢复再生产能力的职能目标，而
更高的保障水平属于差异化需求，需要农户自身支付更多的费用。
中美两国的保费补贴比例随保障水平变化的情况如图2-4所示①。

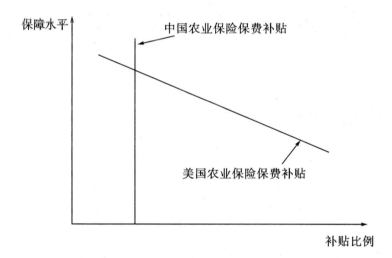

图2-4 中美农业保险保费补贴情况比较

印度早期并没有根据保障水平的不同提供不同的补贴，例如在
1999年推出NAIS计划后，保障水平划分为70%、80%和90%三档，农
户根据选择的保障水平支付不同的保费，印度政府统一提供75%的保
费补贴。 近年来，印度政府开始尝试农业保险保费补贴比例的差异
化，但其依据标准不是保障水平，而是不同的保险费率（见表2-9）。

---

① 美国农业保险产品的补贴比例并不是随保障水平呈线性降低的，图中仅为示意。

表 2-9   WBCIS 下经济作物保费补贴

商业保险费率	经济作物补贴
<2%	无补贴
2%~5%	25%的保费补贴,农户承担最低费率为 2%
5%~8%	40%的保费补贴,农户承担最低费率为 3.75%
>8%	50%的保费补贴,农户承担最低和最高费率分别为 4.8%和6%

从补贴总量上来看,三个国家均对农业保险提供了较大规模的补贴,我国政府部门的补贴可以占到保费总体收入的近 80%;美国虽然在保费补贴比例上稍低,但其提供了农业保险公司经营管理费用的补贴;印度也对政府层面的农业保险计划提供了 70%以上的保费补贴,并且承担了超额赔付的责任,为农业保险经营的亏损"兜底"。

2.3 中国构建多层次农业保险产品结构的必要性

2.3.1 有助于国家粮食安全战略的实施

中国作为占世界人口比例 20%的人口大国,也毫无疑问地成为粮食消费的大国,因此政府对国家粮食安全问题一直非常重视。1996 年,我国政府在世界粮食首脑会议 (World Food Summit) 上发表了题为《中国是维护世界粮食安全的重要力量》的发言。 同年,国务院发布的《中国的粮食问题》白皮书提出了"立足国内资源、实现粮食基本自给"的方针,成为中国一直以来的粮食战略总纲。其后,1998 年的《土地管理法》修订,2003 年为应对粮食产量持续快速下滑实施的各项惠农政策, 2006 年将 "18 亿亩耕地红线" 写入 "十一五" 规划等等, 均是中国政府为实现粮食安全战略所采取的具体举措。 改革开放 40 年来, 中国在解决粮食问题上取得了巨大成功, 粮食生产基本满足自给自足。 特别是在 2004 年全面取消农业税并实施粮食补贴政策后, 尽管增长率出现波动 (见图 2-5), 粮食产量仍逐年递增, 到 2015 年已实现 "十二连增", 达到 62 143.5 万吨[①]。

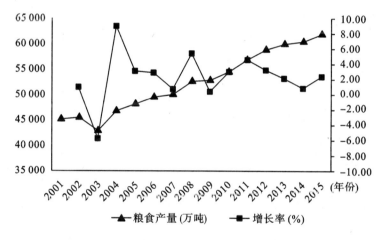

图 2-5 我国粮食产量及增长率变化

数据来源:2002—2016 年《中国统计年鉴》。

但是, 随着工业化、城镇化的快速推进, 再加上 "老龄化" 危机引起的生育政策调整, 未来中国对粮食的刚性需求依然存在, 而粮食生产本身则面临农业劳动力转移、农业资源 (耕地、水资源等) 日益匮乏以及生产成本增加的压力。 已有的大量研究表明, 曾

---

① 国家统计局关于 2015 年粮食产量的公告 [EB/OL]. http://www.stats.gov.cn/tjsj/zxfb/ 201512/t20151208_1286449.html(2015/12/9).

经助力我国粮食产量逐年连增的因素已经逐渐消失。 总体上可以概括为：粮价"天花板"、生产成本"地板"、农业补贴"黄线"、资源环境"红灯"四大约束①。 因此，未来我国粮食供求"紧平衡"的状态将不断加剧，总体的粮食安全形势不容乐观，亟须找到一种有效手段来缓解上述约束，维护我国粮食安全。

农业保险作为分散农业风险、补偿农业经济损失、稳定农业生产的重要市场化机制，可以缓解我国粮食生产面临的四大约束，而这种效应是通过改变农业生产中微观主体的行为决策而产生的。 虽然已有一些学者验证了现有农业保险产品对农户行为的影响，总体上有促进国家粮食安全的作用（罗向明等，2011；张祖荣，2012；聂荣等，2013）。 但是，随着农业和农村环境的变化，这种单一的农业保险产品结构能够发挥的作用将逐渐减小。 其中最主要的原因是，兼业小农对农业的依赖性降低，对传统农业保险产品缺乏实际需求，即使提高补贴比例也很难提高其参保率；而规模化的生产主体，如种粮大户、家庭农场等大多专营农业的主体，其农产品商品化率高，对粮食安全贡献较大，他们对农业风险转移有着实际的需求，却苦于农业保险市场上没有与其需求相匹配的产品。 多层次农业保险产品结构的出现可以在一定程度上解决该问题，基本层次的农业保险产品可以在不增加小农户生产成本的情况下，使其在严重灾害的年份获得基本的经济补偿（约等于其农业投入），而不脱离农业生产；而更高保障层次的农业保险产品则会有效降低新型农业生产主体的生产和经营风险，激励其扩大生产规模、提高生产效率。

---

① 欧阳梦云，潘笑天. 把保百姓饭碗的储备粮管好 [EB/OL]. http://paper.ce.cn/jjrb/html/ 2015-09/27/content_264328.htm (2015/12/9).

通过这种保证"存量"，提升"增量"的方式，促进我国粮食安全战略的顺利实施。

2.2.2 有助于农业现代化的顺利推进

创新农业保险产品结构，助力农业现代化进程。 近年来，我国一直致力于推动农业现代化进程，包括发展家庭农场、多种形式规模化经营、扶持发展新型农业经营主体等。 虽然限于土地流转等政策尚未完善，农业生产经营体系仍然呈现二元化的特征，但新型农业经营主体的数量和规模都在快速发展。 不同于传统的小农经营，新型经营主体靠规模化经营获得了更高收益，但由于支付了地租等成本，其亩均收益可能并不比小农户高。 此外，新型农业经营主体收入构成单一，经营面临更大的风险，其对风险管理工具的需求也更高。 然而，传统农业保险产品构成单一、保障水平低、保障范围窄，对于农业收入占比较低的小农风险覆盖尚显不足，更不用说收入主要来自农业的新型经营主体了。 农业保险产品要适应新型经营主体风险管理的需要，创新发展农业收入保险、价格指数保险等新型农业保险产品，提高保障水平、扩大保障范围以助力我国农业产业的现代化转型以提高粮食生产能力。

以农业保险产品配合国家供给侧结构性改革，助力和引导土地流转，加速农业生产的规模化、集约化和现代化进程。 近年来，国家强调供给侧结构性改革，提升全要素生产力，因此，创新土地流转和规模经营方式、鼓励发展规模适度的农户家庭农场，构建"新型农业经营体系"等，符合土地改革、提高创新能力等政策导向。耕地是农业生产最基本的资源，其对粮食增产、维护粮食安全的作用也是最为显著的。 农业保险应当努力发挥其促进现代农业发展的基本作用。 在目前城镇化进程不断加速、农村人口向城市快速流动的情况下，新型农村经营主体对部分弃置、弃耕地进行流转的直接成本是较低的。 其风险主要来自自然风险导致的物料损失和市场粮食价格变动，农业保险产品应积极发挥其对基本风险的保障作用，并逐步拓展到对市场风险的保障，促进新型农村经营主体不断扩大规模。

2.3.3 有助于提高农业的防灾减灾能力

多层次农业保险产品结构对农业产业防灾减灾能力的提升分别体现在农业保险产品定价对农业资源配置的引导作用、农业保险附带的防灾减灾服务和农业保险的赔付三个方面。

在多层次农业保险产品结构中，新型农业保险产品会占据较大的比重，其持续经营高度依赖农业风险区划。 农业保险公司在产品开发过程中会更加重视农业灾害的分区，依据灾害风险的大小划分重度危险区、危险区和轻微影响区等，并厘定差异性保险费率，一方面可以增强各区域农户的风险意识，敦促其加强灾害防范措施；另一方面也可以引导政府对处于较高风险区域的农业生产者增加农业基础设施的投入，增强抵抗常规旱涝灾害的能力。

农业保险产品所附带的风险预防服务是提高农业产业防灾减灾能力的最直接途径。 然而，我国传统农业保险产品由于保险金额设置较低，且不以最终产量作为确定赔付的依据，保险公司主动采取防灾减灾措施的激励不强，其最主要的职能仍是灾害损失的补偿。 随着农业保险产品的创新和多层次农业保险产品结构的建立，农业保险产品的赔付责任逐渐增大，赔付触发标准的设计更趋合理，保险公司具有更强的激励在风险事故发生之前，采取有效的防灾减灾措施降低农业灾害的损失程度，进而降低自身的赔付数额。

从实际的角度来看，农业保险产品的对防灾减灾能力的提升还体现在农业保险及时、足额的赔付方面。 在遭受较严重的自然灾害后，农业生产者需要大量的资金恢复农业生产能力，如果农业保险产品的保障水平不足，规模化、专业性的农业生产主体很难筹措到足够的资金进行再生产。 多层次农业保险产品结构的建立有助于提升农业保险的保障水平，使农业生产者可以根据自身资金和其他禀赋状况选择合适的农业保险产品或组合，提高农业生产体系在遭遇巨大自然灾害后的恢复能力。

2.3.4 有助于精准扶贫政策的实施

农业产业的弱质性使其成为贫困风险较为集中的行业，对经济欠发达地区收入构成单一的农业生产者来说，一场自然灾害就可能严重影响其收入，从而使其陷入贫困境地。 农业保险作为应对农业风险，支持农业生产者收入稳定的重要工具，本就在解决农村贫困的问题中发挥着重要作用。 然而，在精准扶贫的视角下，现行品类单一农业保险产品结构存在着扶贫精准度不高、助力精准脱贫效果不佳等问题。 具体表现为：一是扶贫对象识别不精确，部分重度贫困或保险信息滞后的农业生产者在自愿参与的原则下可能无法获得基本的农业保险保障；二是扶贫项目安排不精确，农业保险产品种类单一，缺乏针对性和可选择性，农业生产者难以找到适合自己脱贫目标的产品；三是农业保费补贴不精确，我国现行农业保险补贴采用的是中央与省级财政配套补贴的方式进行，补贴比例在省域范围内基本一致，不能体现精准扶贫对贫困县、贫困户的特殊支持。多层次农业保险产品结构的建立依赖于农业保险公司根据保险对象需求精准开发，农业生产者根据自身风险管理需求和经济能力自由选择和组合各保险产品，阶梯化的保费补贴比例设计也有助于农业生产者选择适合自身的农业风险保障水平。 总体来说，多层次农业保险产品结构的建立提高了农业保险作为精准扶贫工具的有效性。

2.4 中国构建多层次农业保险产品结构的可行性

2.4.1 工业反哺农业的经济基础已经奠定

一般来说，一个正常发展的经济体随着经济的发展，会经历从"以农补工"向"以工补农"的转变，这种转变的发生的时点是以工业化的阶段为标准进行划分的。 在何时开始实施工业对农业的反哺问题上有两种主流观点：一是工业化实现过程的中期阶段就是工业反哺农业的开始；另一种观点是只有到了工业化的后期才开始工业对农业的反哺。 在国际实践中，大部分国家都是在工业化的中期即开始工业对农业的反哺，只不过开始的转折期反哺力度不大、范围较小，主要表现为在生产领域支持，经过转折期后开始大规模反哺，并以提高长期农业生产能力为目标，兼顾农民收入的提高。 根据工业化阶段划分的经典理论，对照我国的实际情况，从产值结构、人均收入、就业结构和城市化率来判断，我国分别于 1994 年、2002 年、2004 年和 2011 年进入工业化中期。 考虑到近年来工业化发展的加速，我国目前已处于工业化的后期，或至少是由工业化中期向工业化后期的过渡阶段，有必要逐步实现工业对农业产业的大规模反哺。

工业对农业的反哺具体体现为农业资金的净流入，然而该过程不能寄希望于市场机制自发的产生作用，使生产要素自动的从工业、服务业流向农业，由城市流向农村。而是需要政府部门运用其行政强制力将农业生产所需的资源更多地向农业领域配置，具体表现为政府对农业的"多予少取"。对农业保险的财政补贴即是实现这一目标的有效手段之一，通过保费补贴不仅可以使农业生产者以相对较低的价格获得风险保障，对整体农业产业也会带来预期的正收益。此外，对农业保险的保费补贴还能增强农业对产业资源的吸引力，起到"杠杆"和"放大器"的作用撬动和吸引更多的社会资源投入农业生产。

2.4.2 农业保险经营机构不断发展壮大

截至 2016 年，全国已经有 31 家财产保险公司和其他保险经营组织活跃在农业保险市场上，①相对于 2007 年农业保险财政补贴试点开始时的 14 家的农业保险经营机构，从供给数量上看已经有很大程度的提高。除了早期就涉足农业保险领域的中国人保和中华联合两家综合性农业保险公司外，许多区域性的农业保险公司也开始进入农业保险的领域，且农业保险的经营机构不再限定为保险公司，而是包括了保险公司和互助保险组织等机构，农业保险经营机构数

---

① 庹国柱. 农业保险发展中的几个要害问题[EB/OL]. http://chsh. sinoins. com/2017-01/23/content_220582.htm(2017/1/23).

量得到了较大程度的扩充。 随着新兴主体的加入，农业保险市场的集中度不断降低，市场集中度指数 CR_5 由 2010 年的 95.3% 下降到 2015 年的 84.3%，农业保险市场呈现出一定程度的竞争性。

随着农业保险覆盖面的不断扩大，农业保险的市场规模也逐渐扩大，农业保险的承保面积从 2007 年的 1 540 万公顷增加到 2015 年的 9 644 万公顷，增加了 5 倍有余，相应的保费收入也从 2007 年的 51.84 万元增加至 2015 年的 374.72 万元，年际增长率 28.05%。 农业保险的服务范围也已经突破了传统的种养殖两业的局限，逐步向综合农村保险业务的方向发展，包括农房保险、农机保险等财产保险和人身意外伤害保险等保险服务。

农业保险的产品经营机构在费用控制方面也保持相对稳定，在 2007—2015 年间农业保险的综合赔付率基本维持在 60% ~ 70% 的范围内，即使加上综合费用率，期间也未出现过收不抵支的亏损状态，农业保险的经营处于较为稳定的状态。

在此情况下，农业保险经营机构为获得超过市场平均水平的利润率，在面对农业生产者新的风险管理需求时，有充足的动机开发新型农业保险产品，并有能力承担新产品所带来的经营风险，总体上有利于多层次农业保险产品结构的形成。

2.4.3 农业保险产品的社会认可度提升

传统农业保险经过近十年的快速发展，已经达到了较高的承保面积和承保比例，对农业保险这一支农惠农政策进行了很好的宣传，在农业生产者群体中也得到了较好的反馈。 我国农业生产者群体主要由两部分构成，包括传统小农户和新型农业经营主体。 其中，新型农业经营主体是专门从事农业生产，具有集约化、组织化性质的农业经营主体。 这与我国传统的小农经营存在很大区别，主要体现在现阶段的小农经营大多呈现一种兼业经营的特征，农户的主要收入来源逐渐偏离农业，农业生产呈现副业化的趋势。 在自发投保的情况下，农业风险对小农户的影响相对较低，小农户可能逐渐放弃农业保险的风险管理方式，而采取低成本、低回报的风险自留方式进行农业风险管理，这即是说小农户实际上缺乏对农业保险的有效需求。 而新型农业经营主体与此不同，由于其主业是农业，其主要收入来源亦是农业或以农业的产值为基础，经营的规模化也意味着风险的集聚，农业风险成为其面临的最主要风险，对其有强烈的管理需求。 此外，新型农业经营主体大多是从事农业生产多年的专业人员，其对风险的认知水平和估计相对于传统小农也更为清晰和准确，能够根据自身风险状况选出适合自己的农业保险产品组合和风险管理策略。 最后，新型农业经营主体相对于传统的小农主体，在资金方面更为雄厚，即使新型农业保险在补贴比例方面低于传统农业保险，新型农业经营主体出于对自身期望效用最大化的追求，亦会选择购买新型农业保险。 所以，从农业生产者方面看，对农业保险产品的多层次需求已然产生，只要有与其相匹配的产品供给，就能够迅速得到推广，从而有利于多层次农业保险产品结构的形成。

2.4.4 新技术的利用使产品设计更为科学

无论是从传统农业保险产品中派生出来的区域产量保险、收入保险，还是以价格指数、天气指数作为赔付标准的指数类保险产品，都需要一定时间跨度的历史数据作为确定赔付标准和保费的基础。因此，和传统农业保险产品相比，新型农业保险对数据有更高标准的要求。近年来，随着各类高新科技的应用，以及农业统计工作的开展和农业数据的电子化进程，一些在过去很难获得或利用的数据现在都可以为新型农业保险产品的设计和运营服务。以天气指数类保险为例，气象数据可能是目前所有可利用的数据中，时间跨度最长、记录最为完整的数据之一。虽然各类气温、降水等气象指标在气象站均有持续的记录，但只是部分站点的数据，而农业生产是在一定区域内进行的，不仅在产品设计时很难对此进行匹配，在设置赔付条件时仅以某一站点的数据为依据则缺乏科学性。然而随着卫星遥感、计算机仿真和空间插值算法的技术引入农业保险中，不仅可以利用历史数据反映出区域各处的天气情况，还可以在出现风险事故时第一时间计算出赔偿数额，这些都为气象指数保险的开展奠定了坚实基础。对其他新型农业保险来说，新技术的利用或新交易方式的出现（农产品期货交易）使原先并不容易获得的数据在现在成为可能。上述新技术的利用都能够促进农业保险产品"新供给"的形成，构成新的农业保险产品层次，或实现对现有层次产品的优化，有利于多层次农业保险产品结构的形成。

2.5 本章小结

本章首先依据农业自然风险情况、农业在国民经济中的重要性以及农业保险的发展状态，选取了对中国农业保险产品供给升级具有较大参考价值的美国和印度作为国际比较的代表性国家。通过对美国农业保险发展历程的梳理，发现其当前的农业保险产品结构中既存在供给老化的产品（CAT），也存在处于供给扩张阶段的产品（收入保险产品），且具有较完善的新供给形成培养机制，其农业保险产品结构呈现多样性和多层次性。此外，针对处于不同供给经济周期的农业保险产品，美国农业保险管理部门采取不同的支持和管理措施。如对 CAT 产品采用全额保费补贴，类似于一种政府购买，以弥补其创造需求效率的不足；对收入保险产品采用对应保障水平的补贴比例，以促进农民选择合适的保障水平；对处于供给形成阶段的新型农业保险产品提供完备的专利权保护机制，维持保险公司进行产品创新的热情。对印度的分析与此类似，区域产量保险产品虽然是其传统农业保险产品，但其通过不断采用新的定损和理赔技术，提高了经营效率，实现供给升级。其天气指数保险产品经过多年的实践，已经得到了当地农民的认可，是处于供给扩张阶段的产品。对于这两类农业保险产品，印度政府采用了不同的支持和管理政策。

对比三个国家的农业保险产品结构可发现，美国的农业保险产品结构呈现出较强的层次性，印度也尝试利用天气指数保险产品的供给向层次性结构过渡，相比之下，我国农业保险产品结构更单一。通过总结国际农业保险的发展经验，得出其农业保险产品结构的层次性体现在保险责任、保障水平、保险单元选择、保费补贴四个方面。对其逐一进行了分析，以便在构建中国多层次农业保险产品结构时进行借鉴。

结合国际农业保险产品供给的发展趋势，考察我国农业保险产品从供给侧实现多层次性的必要性和可行性。其必要性体现在农业保险对国家粮食安全战略、农业产业现代化、防灾减灾能力以及精准扶贫的重要作用上；其可行性则可以概括为国家和保险公司资本实力的增强、新技术的出现以及农业生产者对农业保险的认可度增强，从供给和需求两个方面说明了构建多层次农业保险产品结构的可行性。

3 中国多层次农业保险产品结构的框架设计

"多层次"结构的研究多见十医疗保险、养老保险的等社会保障领域,其理念的提出和发展都与社会经济制度的变革有密切关系。 在社会保障领域,伴随着人口老龄化和福利国家危机的出现,国际上的许多国家都开始寻求变革之路。 以国家基本养老保险计划为基础,以各类养老金计划为重要补充和以满足中高收入人群更加灵活多样的经济保障需求为目标的个人养老计划和商业保险共同构成了养老保险体系的三层次或三支柱,成为世界上许多发达国家养老保险体系改革的雏形或原本。

中国多层次农业保险产品结构的构建是在借鉴国际经验的基础上,结合我国农业生产的特点和农业现代化的发展趋势,以适应我国国情为前提来予以构建。 由于我国农业保险市场上的主流产品种类过于单一,保障水平也均设定为"成本",仅能满足农业保险市场上特定层次的保障需求,是农业保险产品的"存量"。 而根据国际农业保险产品创新趋势开发和设计的新型农业保险产品,虽然体量较小,设计尚不完善,但确实满足了更高保障水平的需要,具有巨大的发展潜力,这是农业保险产品的"增量"。 本书沿着"存量"改革,更重视规划和规范"增量"的思路对农业保险的产品进行了层次划分，构建了中国多层次农业保险产品结构。

3.1 构建多层次农业保险产品结构的目标和原则

3.1.1 构建目标

之所以构建我国多层次农业保险产品结构，是为了实现农业供给侧结构性改革中的以下具体目标：

一是满足不同类型农业经营主体风险管理的需要。 我国正处于农业供给侧结构性改革的推进过程之中，传统农业正朝着现代化农业的方向加速转型。 在农业现代化的内生需求和相关政策支持下，新型农业经营主体在农业生产者中的比例不断提高，形成了我国传统小农户与新型农业经营主体共存的局面。 不同的资源禀赋和风险偏好，使其从事农业生产的目的产生差异，所需的风险保障水平也不一致。 从新型农业经营主体的角度看，由于不同类型的新型农业经营主体在农业生产经营中的功能定位不同，其在生产经营中所面临的主要风险类型和风险大小也存在差异。 例如，专业大户和家庭农场直接参与农业生产，农业自然灾害是其关注的首要风险；而龙头企业是农产品加工和流通领域的基本主体，主要在农业产业链的下游经营，相对来说对农产品的价格波动风险和质量风险更为关注。 从小规模农户的角度看，其面临的主要风险是农业灾害风险，但所处地区的不同以及是否从事其他兼业活动都会对其农业保险需求产生影响。 多层次农业保险产品结构的构建过程对产品类型和保障水平进行整体规划设计，农业生产者可以根据自身的需要，通过选择其中某一层次的产品或不同层次间产品的组合来实现自己的风险管理目标。

二是实现农业生产经营风险的有效转移和分散。 农业生产经营风险的主要来源是自然灾害和市场价格波动，现行的农业保险产品对自然灾害风险的保障不足，能对市场风险提供保障的更是稀少，不能实现风险的有效转移和分散。 在多层次的农业保险产品结构中，通过引入新产品，建立各层次产品之间的衔接机制等途径，使希望转移自身风险的农业生产者能够找到适合自己的风险转移途径，且可以通过自主选择保障水平的方式决定转移给保险公司的风险比例，真正实现有效的风险转移。

三是提升农业保险在支农体系中的地位。 现行的农业保险产品在合同设计中更多地体现了政府的风险管理目标，即利用农业保险稳定农业生产，及时补偿其灾害后的损失，赔偿数额以满足简单再生产为限（即成本）。 这种农业保险产品并没有对应农业生产者的实际需求，虽然大部分生产者从中受益，但相对于种粮农民的直接补贴和最低收购价政策①，农业生产者对农业保险的支农地位却并不甚认可。 随着国家对支农政策的调整，希望将农产品定价权交与市场，并进一步强调了农业保险在支农体系中的作用。 然而，这种政策层面的揖升与农业生产者实际认知的偏差并不利于政策目标的实现。 多层次农业保险产品结构从面向农业生产者实际需求的角度进行构建，激发农业生产者对农业保险产品的实际需求，提升农业生

---

① 2016 年种粮农民直接补贴已取消，该补贴与"农作物良种补贴"和"农资综合补贴"合并为"农业支持保护补贴"。玉米临时收储政策已取消，采用"市场化收购+补贴"的政策替代。

产者对农业保险的重要性评价，实现政府认知和农业生产者认知的一致，真正提升农业保险在支农政策体系中的地位。

四是提高农业保险保费补贴的效率。对农业保险产品这种特殊商品进行补贴的效率评价不能如普通商品一样以产量进行评估。学术界目前多采用数据包络分析的方法进行研究，其设置产出变量一般都包括保费收入、保险深度、保险密度和投保农户占比等。从这几个变量进行考察，目前我国农业产品单一的保障水平和"平"的补贴比例既不能真正吸引小规模农户又不能满足新型农业经营主体的保障需要，无论从哪个产出变量的角度来看，目前的补贴机制都不是最优效率的。有效率的保费补贴应当尽可能多的带动投保率的提升和保费收入的增加。例如，通过对贫穷农户的高额甚至全额保费补贴使其享有基本层次的保障以提高参保率；而对于那些规模较大、资金相对充裕的农业生产主体提供高保障水平的保险产品，但在补贴比例上可以适当降低，可以获取更多的保费收入。多层次农业保险产品结构即是依据这一思路，力求借助保障水平的多层次性以满足不同类型农业生产经营主体的需要，使其产生有效需求，再通过补贴份额在不同层次间的调配以及同一层次不同保障水平补贴的比例规划，实现保费补贴效率的优化。

3.1.2 构建原则

在我国多层次农业保险产品结构的构建过程中，随着众多新型农业保险产品的出现，农业保险整体的保障水平、责任范围以及补贴分配等都会发生较大的变化，对农业保险产品的供求双方也都会产生很大的影响。为了保证农业保险市场的稳定，真正发挥其管理农业风险、促进农业生产的职能，在多层次结构构建的同时需要遵循一定的原则。

一是保证小规模农户的保障效用不降低。虽然我国目前正在全力推进农业现代化进程，新型农业经营主体也不断出现并在农业生产者中占据一定的比例，但小规模经营的传统农户仍占据主体地位，其对农业生产的贡献不容忽视。由于农业经营预期收益率较低，小规模农户从事农业生产的意愿并不强烈，需要一系列的支农惠农措施才能够使其留在农业生产者的行列中，而农业保险就是这些措施中关键的一环。通过高比例的保费补贴和各主体的大力推广吸引小规模农户参加农业保险，农业保险提供的保障已经成为其总体效用组成的一部分。新型农业保险产品的出现会使保费补贴结构、保险公司的推广重心发生改变，从而可能使得小规模农户从农业保险产品中获得的效用下降，降低其从事农业的积极性，对国家粮食安全极为不利。因此，在多层次农业保险产品结构的构建过程中，必须保证小规模农户的效用不降低。具体表现为：现有产品保障水平不降低；保费补贴比例不降低；保险服务水平不降低。

二是保证农业保险公司的可持续经营。由于现有农业保险产品的保障水平较低，多层次农业保险产品结构的建立必然会扩大产品的保险责任、提高赔付标准，这会从两个方面影响保险公司的持续经营。一方面，由于我国农业生产方式的问题，农业生产的微观数据缺乏，虽然参与农业保险经营的公司不少，但对费率精算的重视程度仍显不足。新型农业保险产品由于扩大了保险责任，提高了保障水平，更需要科学的精算过程对其进行产品定价。定价不合理可能导致保险公司经营出现重大亏损，影响保险公司的持续经营。另一方面，我国农业保险制度建立时间不长，保险公司对承保风险进行管理的经验尚显不够，前一时期农业保险低综合赔付率的情况降低了保险公司进一步转移和分散风险的意愿。农业保险风险的特殊性体现在其风险分布不均、年际间差异较大，比一般财产保险经营风险更大。在农业保险的经营中，一年或多年的赔付结余或"盈利"，并不能代表其真实营收状况。如果在农业保险公司承保风险分散机制不健全或对风险管控不重视的情况下，新型农业保险产品的出现可能会导致全行业的经营亏损，影响农业保险公司的持续经营。而长时间的亏损将会导致农业保险服务水平下降、业务萎缩，农业保险市场供求双方效用降低。因此，在多层次农业保险产品结构的构建过程中必须强调精算工作的重要性，优先开发微观数据较为充足的农业保险产品，且对农业保险经营风险的行业外转移和分散机制进行安排，双管齐下以保证农业保险公司的可持续经营。

3.2 多层次农业保险产品结构的基本框架

本书构建了包括三个层次在内的农业保险产品结构，每个层次包括一个或多个农业保险产品类型，以实现有不同侧重的农业风险管理需要。从总体上看，三个层次之间的划分虽然是以保障水平为依据的，但并不意味着各层次赔付绝对数额的大小（如第三层次产品的保障水平不一定高于第一层次），而是其应对的农业灾害风险损失程度不同，或其赔付优先级存在差异，具体对应情况如图3-1、图3-2所示。在农业保险的标的中，种植业保险的标的由于位置不能移动，且广泛暴露于室外环境之中，更符合农业风险的系统性特征，为了分析方便，后文主要以种植业保险产品为研究对象进行阐述。

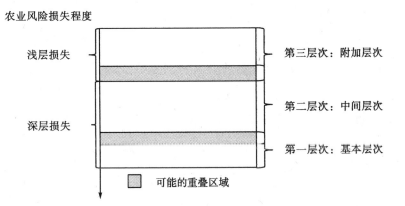

图 3-1 多层次农业保险产品结构基本框架

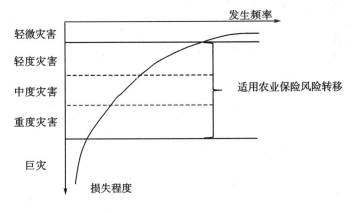

图 3-2 农业灾害按风险损失程度分层

3.2.1 基本层次

这一层次类似于多层次养老保险体系中的基本养老保险和多层次医疗保障体系中的基本医疗保险，为从事农业生产的劳动者提供最基本的保险保障，是政府为农业劳动者设置的"安全网"的一部分，故可以被称为基本层次。

（1）基本层次的产品基础

在农业保险产品结构的三个层次中，该层次的产品基础扎实，它以当前享有中央财政补贴的一系列传统农业保险产品为基础进行设计。 之所以称其为传统农业保险产品，是因为其自 2007 年中央财政决定对农业保险实施保费补贴政策以来，该类农业保险产品及其设计模式一直是我国农业保险业务中的主流。 虽然该类产品保费的中央财政补贴比例在期间发生了数次变化，但其产品设计和定价的理念基本未变。 表 3-1 是 2007 年和 2017 年中央财政对农业保险保费补贴的管理办法中对该类农业保险陈述的对比。 从表 3-1 可以看出，除了保险标的和保险责任的范围有所扩大、中央财

表 3-1　2007 年与 2017 年中央财政农业保险保费补贴办法对比

年份	2007 年	2017 年
文件名称	《中央财政农业保险保费补贴试点管理办法》财金〔2007〕25 号	《中央财政农业保险保费补贴管理办法》财金〔2016〕123 号
保险标的	种植面积广、关系国计民生、对农业和农村经济社会发展有重要意义	关系国计民生和粮食、生态安全的主要大宗农产品
保险责任	无法抗拒的自然灾害	涵盖当地主要的自然灾害、重大病虫害和意外事故等
保险金额或保障水平	农作物生长期内所发生的直接物化成本	保险标的生长期内所发生的直接物化成本
补贴比例	中央财政 25%省级财政 25%	中央财政 35%、40%、65%省级财政 25%

注：根据保监会文件，经作者整理所得。

政的补贴比例提高外，对保险金额设定标准的表述几乎完全 致，即生长期内的直接物化成本。 也正是由于该保险产品保险金额设定的这一特征，此类保险产品也被称为"农业成本保险"。

该类农业保险产品曾对我国农业保险市场的发展起到了巨大的推动作用。 在 2004 年农业保险总保费收入跌至低点后，中国保监会推动了新一轮政策性农业保险试点，但从保费收入增速上看，其效果并不明显，而是在 2007 年中央财政保费补贴型农险产品推出后，保费收入才出现快速增长，如图 3-3 所示。 经过近 10 年的发展，该类型的农业保险产品数量已经十分庞大，在 2015 年对中央财政保费补贴型农险产品的升级改造工作中，共涉及了 15 类农作物和6 类养殖品种共计 738 个农业保险产品。 在中央财政补贴政策实施后的数年中，由于赔付率相对稳定，也吸引了许多保险公司相继进入该领域，截至 2016 年已经有 31 家财产保险公司和其他保险经营组织开展农业保险业务。 因此，无论从产品的丰富程度还是保险公司数量和经营经验上看，该类保险产品都已趋于成熟，可以作为一个独立的产品系列承担其在多层次农业保险产品结构中的相应职能。

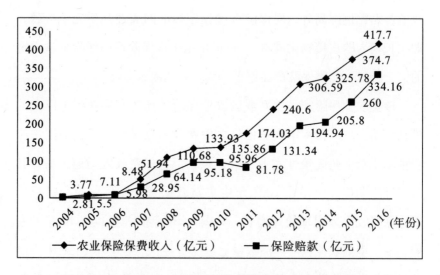

图 3-3　2004—2016 年农业保险保费收入及赔款变化

数据来源：历年中国保险年鉴及 http://mt.sohu.com/20170214/n480702668.shtml.

（2）基本层次的功能定位

从政策制定者的意图看，该层次农业保险产品保险金额制定标准是和其功能定位相适应的。保险金额以成本为限，其保障功能即是使农户及农业生产组织在经受农业风险带来的损失之后有经济能力恢复生产。然而，在实际经营中，该类产品所表现出的特征与上述保障功能并不一致。第一，从农户投保目的方面来看，除了少数贫困农户外，大部分农户并不缺少灾后恢复再生产的经济能力，他们投保的目的是减少收入损失，甚至只是获得农业补贴。第二，从产品的赔付机制方面来看，由于产品并不以最终产量的实际值确定赔付比例，而是以灾后的产量损失估计值，这就造成了产量发生微小的损失，农户也能获得赔偿，这与"保障灾后恢复生产能力"的功能定位产生了偏离。因此，在短期该类农业保险产品设计不会出现重大变化的情况下，作为多层次农业保险产品结构的一部分，应当对其功能定位进行重新表述。 结合上述两个方面的原因，基本层次农业保险产品的功能应是保障贫困农户及生产组织在严重灾害后恢复再生产的经济能力，减少一般小规模农户发生灾害后的收入损失。

(3) 基本层次的补贴安排与远景目标

基本层次农业保险产品只设置了单一的保障水平，相应的中央补贴比例也是固定的，只是在不同经济发展水平的地区之间存在差异。 由于实行的是中央与地方配套的补贴机制，地方财政的经济实力往往决定了最终补贴的高低，造成了中西部农产品主产区保费补贴比例相对较低的现状。 虽然中央财政也针对这一情况，采用产粮大县补贴的方式加以修正，但仍需以地方财政的配套支持为前提。考虑到农业生产具有较强的正外部性，中央财政应当对国家粮食安全和减少贫困的目标承担更多的责任。 从农业改革逐步取消"最低收购价"和"历史收储"，实现农业补贴由"黄箱"向"绿箱"转化的政策走向来看，中央财政正逐步推动财政资金支持方式的转变。在多层次农业保险产品结构中，中央财政在补贴比例上应当进一步向产粮地区和贫困地区倾斜，在与地方财政的配合下逐步实现对目标地区的高额甚至全额补贴，以体现中央政府的职能。

在远期，应当探索建立起面向小规模农户的普惠性基本农业保险产品体系。 小规模农户（特别是兼业农户）的农业生产目标使其对基本层次农业保险产品缺乏需求，对该类产品的需求主要来源于政府利用农业保险稳定农业生产，减轻政府灾后救济压力的动机，因此，对基本层次农业保险产品的需求更近似于一种政府购买。 在当前的运行机制下，不仅小规模农户需要为此付出一定的费用，保险公司也要为了达到参保率要求而承担较高的展业成本，供求双方的积极性均受到一定程度的抑制。这种供给与需求的双重困境可以通过构建普惠性的基本农业保险产品层次进行破解。普惠性的基本农业保险层次的实质是针对提供基本层次保障的农业保险产品，将小规模农户由现在自付 20% 左右的保费改为全额补贴，只要小规模农户愿意从事农业生产，政府都应将其纳入基本保障的范畴。实现普惠性基本农业保险产品层次的资金来源主要有三个方面。一是随着农业补贴政策调整，"黄箱"补贴向"绿箱"补贴的转化；二是中央财政应充分落实已颁布的各项农业保险财政补贴政策，为地方政府实现"政府补助保费保基本"创造更大的空间；三是地方财政可借助盘活地方财政存量资金的改革，推动保费补贴资金来源的多样化，在满足一定条件的情况下允许地方政府使用某些类型的存量资金对小农户缴费部分进行全额补贴。

（4）基本层次的风险管理

在多层次农业保险产品结构尚未完全建立之前，基本层次的农业保险产品仍将承担大部分农业风险损失赔付的职能。综合考虑该层次农业保险产品赔付机制的特殊性，农业风险年际分布不规律的特征以及近年来综合赔付率上升等情况，在对基本层次农业保险产品进行调整时，应当明确其提供基本保障的功能定位，谨慎提高基本层次农业保险产品的保障水平。由于"棘轮效应"的存在，过高的保障水平不仅会增加财政负担，还会对以后各层次间保障水平的调整造成阻碍，形成基本层次产品对其他层次产品不合理的替代，不利于农业保险市场的健康发展。在多层次农业保险产品结构初步形成以后，基本层次的赔付责任将会显著下降，其保费收入除去赔付后可主要用于积累，以建立农业保险的巨灾准备基金。

3.2.2 中间层次

（1）中间层次的产品基础

该层次农业保险产品的构成参考了国际上农业保险产品创新的主流方向，主要借鉴了美国农业保险的发展经验，选取了在美国农业保险产品结构演变过程中发挥了重要作用的产量保险和收入保险作为中间层次的主要构成部分。由于我国产量保险和收入保险的产品试点不多，本书主要以美国产量保险和收入保险产品特征作为基础。产量保险产品和收入保险产品是美国现行农业保险产品结构中重要的两类产品，相对于产量保险产品，收入保险产品发展得更好，其 2015 年度保费收入占农作物保险保费总收入的 80%以上[1]。不过，农作物收入保险并不是在美国农作物保险开办之初就出现的保险产品，而是在 1996 年以后才逐步发展起来的新险种，美国早期的农作物保险产品是以产量保险为主体的。有学者[2]指出，美国农作物保险在以产量保险为主的发展阶段并不成功，农户参保率不高，保险公司不愿经营，直至农作物收入保险发展成熟之后，农作物保险才得到各参与主体的普遍认可。即便如此，农作物产量保险确实为收入保险的发展积累了经验，奠定了发展基础，有必要对其

---

[1] 数据来自美国农业部农业风险管理局，由作者计算整理得出[EB/OL]. https://www3.rma.usda.gov/apps/sob/current_week/insplan2015.pdf.

[2] 齐皓天,彭超. 美国农业收入保险的成功经验及其对中国的适用性[J]. 农村工作通讯, 2015(5): 62-64.

进行简单分析。

农作物产量保险即是以产量的变化作为赔付触发指标的农业保险，其中以农作物巨灾保险（CAT）、产量保障保险（YP）最为人所知。 但 CAT 保障水平较低，中间层次的产量保险产品主要指的是能提供中高水平产量保障的产品。 YP 是产量保险品类中最有典型意义的险种，它本质上是一种多风险农作物保险（MPCI）。 产量保险需要农户在投保时确定产量保障水平和价格保障水平。 其中产量保障水平在实际历史产量（APH）的基础上由投保农户选择确定，从 50% ~ 85%，每 5% 为一档；价格保障水平根据期货市场特定合约均价确定，从 55% ~ 100%，也以每 5% 为一档。 之所以称为产量保障保险，是因为其触发条件是实际产量低于保证产量，确定价格保障水平只是为了将赔付额转化为货币支付数额。

在美国，农作物收入保险产品凭借其契合农业生产者风险保障需求、不易引起农作物过量生产等优势，在近年来发展迅猛。 该类保险产品承保责任范围内风险因素导致的农作物产量减少和价格波动两者共同引起的投保人实际收入低于保证收入的部分，它与产量类保险最大的不同是其赔付的触发条件是收入，而非产量。 根据保险保障的是某种农作物产生的收入还是整个农场所有农作物的收入，以及产量的确定基础是农场单产还是区域单产这两个条件，可以将农作物收入类保险进行如表 3-2 所示的划分。

表 3-2   美国农作物收入保险产品类型

	以农场平均单产为基础确定产量	以区域平均单产为基础确定产量
对某农作物收入	收入保障保险（RP） 不含收获期价格的收入 保障保险（RPHPE）	区域作物收入保险（ARP） 不含收获期价格的区域作物 收入保障保险（ARPHP）
对整个农场收入	以调整总收入为基础的农场收入保险（AGR）	

农作物收入保险品类中最基本、最具代表性的险种是收入保障保险（Revenue Protection，RP），它以某一种农产品收入为保险标的，具体的保险责任是保障被保险人因灾害而导致的产量下降或因收获价格偏离预测价格两种因素引起的收入损失风险。是否达到"保证收入"是收入保险产品的触发条件，而"保证收入"数值的大小取决于投保人选择的实际历史产量保障水平以及预期价格和收获价格中的较高者两个因素。具体的计算公式如下：

单位面积保证收入＝农场历史平均单产×保障水平×max{预期价格，收获价格}

其中，历史平均单产根据农户过去 4~10 年的实际历史产量确定，如果历史产量数据不完整则采用县域历史平均单产代替缺失年份产量。保障水平可在 50%~85% 的范围内进行选择，每 5% 为一档。预期价格和收获价格则由期货市场上对应合约的价格决定。[①] 不含收获期价格的收入保障保险（Revenue Protection with Harvest Price Exclusion，RPHPE）去掉了价格选择权，只能选取预期价格计算保障收入。

_____

① 不同种类的农作物所采用的期货合约时间也不同,例如玉米的预测价格采用芝加哥期货交易所 12 月份期货合约在次年 2 月份各交易日的平均价格,收获价格则采用 12 月份期货合约在次年 10 月份各交易日的平均价格,以对应不同农作物的收获期。

与收入保障保险产品类似，区域作物收入保险（ARP）的赔付触发条件也是"保证收入"。 所不同的是，区域作物收入保险的保险责任是当区域内平均实际单产乘以所选择的价格水平后，低于投保人所选择的"保证收入"水平时给予被保险人赔偿，与投保农作物收入是否发生实际损失无关。 该险种在一定程度上避免了收入保障保险产品因历史产量数据不完整、不准确等原因引起的道德风险，它也是收入类保险中非常重要的一个险种。 其保障收入的计算方法如下：

单位面积保证收入＝县域历史平均单产×保障水平×max{预期价格，收获价格}

除了上述两个险种外，还有一种处于试点阶段的收入类农作物保险——调整的总收入保险（Adjusted Gross Revenue，AGR），也称为全农场收入保险（Whole-Farm Revenue Protection，WFRP）。 与上述险种的区别在于，它不针对某种特定的农作物估计价格、产量或收入，而是对整个农场的收入提供保障。 农场的调整总收入数据来自美国国内税务局的税务申报表以及农场的年度报告。 其承保的风险内容与收入保障保险基本相同，也是农作物收入保险产品结构的组成部分。

如前文所述，产量保险产品并没有取得理想的效果，一种可能的原因是，农户进行农业生产的目的是收入最大化而并非产量最大化，产量保险的目标与农业生产的目标并不一致，无法达到相应的政策效果。 虽然农作物产量保险存在一定不足，但其数十年的发展，为农作物产量的估量积累了大量数据，这些长时间跨度的数据基本上避免了人为因素对产量的影响，能够反映不同地块的生产能力和风险程度，便于对其预期产量进行估计。 农作物收入类保险之所以能够得到参与主体各方的肯定，很大程度上得益于其产量和价格的有效估计，降低了农作物保险经营中的道德风险，提高了农作物保险与农业生产者经营目标的契合度。

我国多层次农业保险产品结构中间层次的构建存在的最大问题可能是产量数据缺失，因此可能并不具备短期内大范围开展农作物收入保险的条件，需要某些形式的产量保险产品作为过渡。 为了进一步发挥农业保险在现代化农业建设中的作用，2017 年 4 月召开的国务院常务会议决定，在全国粮食主产区中的 200 个县开展的面向规模经营主体的大灾保险就是在保障水平上进行提升的产量保险产品，其显著特点是将地租纳入保障覆盖范围，在一定程度上满足了新型农业经营主体的保障需要。

（2）中间层次的功能定位

中间层次的农业保险产品主要为新型农业经营主体提供全面的农业风险保障，这种农业风险既包括自然灾害风险也包括市场风险。 中间层次的这种定位主要源于新型农业经营主体更高层次的农业风险管理要求与农业现代化发展的需要。

一方面，新型农业经营主体的生产具有规模化和专业化的特点，这就使得大部分对小规模农户有效的、传统的、非正规化的风险应对措施失效。 新型农业经营主体为了获得规模效益，不可能采取多样化分散经营的方式规避风险；由于其投资规模较大，在风险发生后，也很难采用以丰补歉、动用储蓄或亲友借贷等方式弥补损失；其生产的农产品大部分用于售卖而不是作为口粮，完全暴露于市场风险之中。 此外，生产规模的扩大造成了经营风险的集聚，专业化的生产方式对资本、人力和科技需求加大，大量的生产要素投入所带来的高成本与农业生产经营风险造成的收益不稳定之间形成了巨大的矛盾，提高了新型农业经营主体承担的风险水平。 因此，出于风险规避的需要，新型农业经营主体需要更加规范有效的风险转移手段，使其提供的保障无论在范围还是水平方面都要超过"成本保险"。

另一方面，随着农业现代化程度的加深，农业风险的作用水平发生了深刻变化。 一是风险范围更加广泛，风险事故的主体从农作物扩展到农业生产相关的设备、材料和人员等；二是风险类型更加多样，新型农业经营主体除了面临自然风险外还受到市场风险、融资风险、进出口风险等多重风险的影响；三是风险损失数额加大，新型农业经营主体相对于传统农户多支付了人工成本、土地租金、融资成本等，一旦发生损失，连带损失将十分巨大。 这些变化也对农业保险产品提出了新的要求。

（3）中间层次的补贴安排与发展目标

无论是中高保障水平的产量保险，还是将市场风险包含在内的收入保险，其经营风险均高于基本层次的农业保险产品，理论上也应具有更高的保险费率。 可以判断，在没有政府财政予以支持的情况下，该层次的农业保险产品是不可能进行试验和推广的。 按照美国发展产量保险产品和收入保险产品的经验，这两类产品根据保障水平进行补贴，补贴比例随保障程度升高而降低。 我国在对该层次农业保险产品进行补贴配套时可以效仿美国的做法，以体现政府的政策导向和个体需求之间的平衡，提高财政补贴的效率。 关于财政补贴的安排，在 2017 年"一号文件"中已经有了较明确的政策导向，即"鼓励地方多渠道筹集资金"和"采取以奖代补方式支持地方开展特色农产品保险"，充分调动地方政府和社会资本的积极性来开发更多的有各地特色的、适应农业供给侧结构性改革所需要的诸如价格保险和收入保险产品。

中间层次的发展目标是逐步建立以农业收入保障为核心的农业保险产品结构，以促进国家农业发展战略的调整。

我国农业现代化进程正在加速，WTO 的 15 年农业保护期也已结束，农产品特别是粮棉类的价格保护支持政策改革迫在眉睫，整个国家的农业发展也需要作出战略调整，农业保险应该而且必须为国家的农业发展和整个经济的改革做出相应的贡献。贡献的可选途径就是以农业收入为主导方向开发相应的保险产品，建立以农业收入保障为核心的产品结构体系，这是农业保险发展的远景所在，也是国家农业发展战略的重要组成部分。理由如下：

第一，只有收入保险可以适应"价补分开"的农业价格改革的思路。农产品价格随市场供求变化而波动，要保证农业发展和农民的收入稳定，就要在政府"补贴"上做文章。直接补贴手段受国际贸易规则和扭曲市场价格的瓶颈限制而效果不佳，间接补贴农业保险的财政手段虽然符合 WTO 的规定，但目前的成本保险产品和产量保险产品都不能解决因市场价格波动对农业收入的影响，达不到对农业价格政策调整的目的。所以，只有收入保险可以适应"价补分开"的农业价格改革的思路。

第二，农业收入保险产品的经营风险相对便于管控。传统的成本保险和产量保险只能保障自然风险损失，价格保险也有两大缺陷：一是系统性风险不易分散；二是受自然灾害影响时，难以真正实现稳定收入的目标。 而收入保险产品正好可以在某种程度上弥补上述缺陷。 产量和价格在某些条件下的对冲作用，可以解决第一个缺陷；直接以收入指标作为赔付触发条件可以解决上述第二个缺陷。

第三，加拿大和美国用了大约 10~20 年时间完成了农业保险产品结构的转变，我们必须在相对较短时间内实现这种战略转变。 因为我国面临的国际国内农产品市场形势非常严峻，政策调整不及时或者无效果可能带来的农业衰退，对我国整个经济的发展将是巨大的威胁。 而加拿大和美国这些传统农产品出口国的农业保险的战略调整已经基本完成，其利用农业保险稳定和促进农业发展的经验，在为我们提供了有益经验的同时也加剧了国际市场上农产品的竞争，加剧了我国农业发展的压力。

(4) 中间层次的风险管理

由于中间层次将市场风险包括在内，而市场风险是具有较强的系统性风险，必须建立巨灾分散机制进行应对。

3.2.3 附加层次

(1) 附加层次的产品基础

多层次农业保险产品结构中的附加层次是为了应对发生频率较高，损失程度相对较小的灾害事件而建立的，其产品特征是赔付指标与自然灾害事故或损失高度相关，但赔付不以实际损失为依据，且一般设置了较严格的赔偿限额。 根据上述产品特征的限定，附加层次农业保险产品主要包括天气指数保险。 我国虽然没有大范围经营的天气指数保险产品，但针对天气指数保险产品的研究设计和试点都进行得比较早。 从开展试点的情况看，自 2007 年安信农业保险公司首次试点西瓜梅雨强度指数保险后，各种类型的天气指数保险产品陆续在全国各地进行试点。 据统计，截至 2015 年年底，具有代表性的天气指数保险产品试点有 30 多个，分布在国内 15 个省（直辖市、自治区），涉及 10 家保险公司，其试点的具体情况如表3-3 所示。

表 3-3　　　　　　我国天气指数保险产品试点情况①

试点地区	安徽	浙江	江西	大连	北京	山东	福建	海南	上海	内蒙古	山西	新疆	辽宁	河南
产品数量	3	2	2	2	2	2	2	2	1	1	1	1	1	1
农产品种类	玉米	水稻	小麦	蔬菜	蜜橘	樱桃	杨梅	水产	陆地	烟叶	茶叶	棉花	橡胶	枇杷
风险类型	风力、干旱等	干旱温度	干旱温度	降水高温	冻害	降水	降水	风力水文	降水降雪	冻害洪涝	低温	低温	风力	低温
产品数量	4	2	2	1	1	1	1	5	2	1	2	1	1	1

从试点的情况看，目前开展的天气指数保险产品具有以下特点：一是保险产品针对的农产品多具有典型的气象灾害，即该农产品的产量主要受少数几种灾害因子的影响，这样天气因素指标和农产品产量损失之间存在较强的相关关系，便于设计赔付指标。 二是产品提供保障的对象多是地区代表性农产品，这样便于获得地方政府的财政补贴支持。 由于天气指数保险费率相对较高，农户支付能力较弱，在缺少财政支持的情况下基本不可能开展。 现有产品由于

---

① 牛浩,陈盛伟. 农业气象指数保险产品研究与试验述评[J]. 经济问题, 2016(9)：24.

承保的是地方代表性农产品，对地方农业经济发展起到了稳定作用，地方政府大多采取了保费补贴的形式进行支持。 三是现有天气指数保险的试点范围较小，只占所在省份总体种植面积的很小比例。 这种情况的出现源于天气指数保险产品尚处于试点初期，产品总体的承保风险有待验证，在没有较好的风险转移安排的情况下，保险公司为降低风险，控制了试点的规模。

从整体上看，附加层次的农业保险产品具有较好的产品试点基础，之所以呈现这种分散性试点的局面，主要原因是缺乏全国层面的产品规划，少数针对主粮品种开发的天气指数保险产品也少有的得到中央财政的支持，保险公司为得到财政补贴的支持只能针对地方特色农作物开发相应产品，总体上开展天气指数保险产品的动力不足。

(2) 附加层次的功能定位

附加层次农业保险产品应对的风险是发生频率较高、损失程度较低的自然灾害风险，是对需要转移处理的农业生产风险的进一步细分。 附加层次产品的主要构成是天气指数保险产品，由于其产品设计和定价主要依靠气象数据，数据基础相对较好，便于产品开发。 在当前中间层次农业保险产品仍受限于数据问题，短时间内难以提供有效保障的情况下，可以由天气指数保险产品提供附加保障的作用，满足部分农业生产者提高保障水平的需求。 此外，天气农业保险产品赔付金额不依据损失数额确定的特点可以避免农业保险中较为严重的道德风险问题，快速的赔付机制也能为农业生产者及时的灾后补救提供资金支持，真正实现农业保险稳定农业生产的作用。 在完整的多层次农业保险产品结构建立之后，附加层次农业保险产品作为首先被触发的赔付机制，为农业生产者提供最及时的风险保障，是农业保险"安全网"的最外层。

(3) 附加层次的补贴安排与发展目标

在我国，当前开展的天气指数保险产品试点基本上均采用政府保费补贴的形式予以支持，补贴资金主要来自地方财政，由于试点规模小，补贴规模也相对较小。 在天气风险向资本市场转移的渠道尚未打通前，为实现附加层次农业保险产品的保障功能，政府需要对该层次产品进行适当补贴。 根据 2017 年的"一号文件"，该类产品也可以凭"以奖代补"的形式获得中央财政的支持。 但是，为了在近期实现农业保险的"扩面、增品、提标"，中央财政可能仍需以保费补贴的形式对保障主粮作物的产品进行支持，以实现保障国家粮食安全的目标，针对地方经济作物的天气指数保险产品仍以地方财政为主。 随着期货、衍生品市场的发展，天气风险将逐步在全球资本市场上进行分散，届时天气指数保险产品可以降低补贴比例，逐步向商业保险运营模式转变。

(4) 附加层次的风险管理

附加层次农业保险产品保障农业生产中的自然灾害风险，而且不以农业损失作为赔付指标，其赔付依据的是天气指标本身，因此也具有系统性的特征。 但与同样具有系统性的价格风险不同，天气风险可以比较容易地实现标准化，并通过设计衍生产品与资本市场对接进行分散，在国际资本市场上已经出现许多频繁交易的天气衍生品，可以大致分为天气期货合约、天气期权、天气互换等。 在保险公司通过天气指数保险将天气风险进行集合以后，可以根据自身经营管理的需要进行判断，决定是否将天气风险进行"打包"，并以天气衍生品的形式部分甚至全部向资本市场进行转移，以降低自身所承担的风险。

3.3 农业保险产品结构层次间的贯通互补模式

多层次农业保险产品结构中的各个层次之间并不是孤立的，农业生产者可以在一定的规则下，对不同层次的产品进行选择和组合，以实现多样化的风险管理目标。

3.3.1 中间层次对基本层次的保障水平延伸模式

基本层次的农业保险产品在某种程度上也可以视作是一种约定价格偏低（约30%）的产量保险，其与产量保险的赔付机制存在一定的相似性。假设两者都按照收获时的实际产量进行赔偿[①]，赔偿金额的计算公式如下，则基本层次产品和中间层次中高保障水平的产量保险产品（约定价格100%，约定产量70%）的赔付曲线如图3-4所示。

赔偿金额＝约定价格×（约定产量－实际产量）

= （历史平均价格×约定比例）×〔（历史平均产量×约定比例）－实际产量〕

---

① 与我国现行做法存在一定差异，现行的是灾后定损，根据估算确定产量损失。

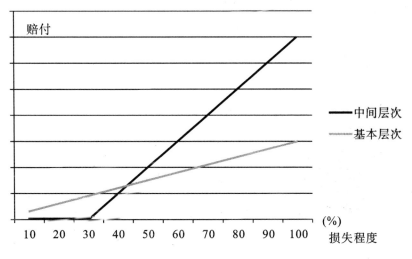

图 3-4　基本层次和中间层次农业保险产品赔付曲线

由图 3-4 可以看出，在较低损失程度的情况下，基本层次产品能够提供一定数额的保障[1]。 按本书的比例约定，在损失程度达到约 40% 时，中间层次产量保险产品所能提供的保障水平就远高于基本层次。 对新型农业经营主体而言，较小程度的损失是其参与农业市场化竞争应当承担的风险，而且相应的损失可以进行年际间的平滑，是可以承受的，所以选择中间层次的农业保险产品较为适宜。

根据图 3-4，将两种产品结合显然可以获得更高水平的风险保障，在国内已有类似的实践。 湖北省开展的水稻产量保险在政策性水稻保险提供的物化成本保障外，投保农户每亩再缴纳 56 元保费就能获得 800 元的风险保障，将基本层次的成本保险升级为成本保险，实现了保障水平的提高。[2] 产量保险的产品设计实质上并不比

---

[1]　由于在 2015 年农业保险产品升级后，取消了绝对免赔额的限制。

[2]　湖北水稻保险产品惠农更实在 [EB/OL]. http://insurance.hexun.com/2013 - 12 - 03/160238601.html.

成本保险产品复杂，这种以附加险的形式将基本层次保险产品与中间层次相衔接，提高了保障水平，可作为未来我国农业保险实现从成本保险向产量保险和收入保险转变的参考模式。

3.3.2 基本层次与附加层次组合的产品特性互补模式

基本层次的农业保险产品是一种基于个体损失的农业保险产品，这种产品具有以下的优点和不足：其优点是赔付的相对确定性，即只要发生了保险责任内的事故损失，农户都可以获得一定的赔付。其缺点体现在两个方面，一是在农业保险市场中，农户和保险公司之间存在着严重的信息不对称问题。具体表现为，农业保险标的大多是有生命的动植物，风险导致的实际损失与农户的风险防范、灾后施救措施紧密相关，而农户投保后往往疏于防范，并且不积极采取补救措施，导致实际损失数额超过历史估算值，从而导致保险公司损失。二是我国农户普遍耕种规模较小、土地分布分散，保险公司进行理赔的成本很高。

附加层次的天气指数保险产品可以很好地解决农业保险市场上的信息不对称问题，这是因为其赔付依据的是气温、降雨量等气象指标，这些信息对农户和保险公司来说都是公开信息，双方也均不能对其施加影响，理论上可以进行公平的赔付。天气指数保险的这种特殊的赔付机制也具有其相应的优缺点。其优点表现为，由于以公开信息作为赔付标准，省去了查勘定损的费用和实践，天气指数产品的理赔费用低，理赔速度快。其缺点是，天气指数保险存在较大的"基差风险"，在发生区域性的自然灾害后，受损农户可能收到的赔付不足甚至没有赔付，不仅影响农户收入，还会降低农户对农业保险的评价，进而降低投保积极性（见表3-4）。

表3-4　　　　　成本保险与天气指数保险产品特征对比

	基本层次:成本保险	附加层次:天气指数保险
涵盖风险	多重风险	单一或少数风险
信息不对称程度	高	低
理赔成本	高	低
理赔速度	较慢	快
赔付与损失匹配度	高	较低
补贴情况	中央补贴	地方补贴或无补贴
保障水平	较低	较低

表3-4对基本层次的"成本保险"和附加层次的天气指数保险的特征进行了对比，可以发现成本保险产品和天气指数保险具有很好的互补性，相比一些国家和地区用天气指数保险替代成本保险的做法，将两者结合起来设计成为一个"一揽子"保险产品可能是一个很好的尝试。组合后的产品可能具有以下特点：一是农户意识到灾害损失与赔偿并不完全相关，发生轻度风险损失后，其会在获得部分成本和产品受益之间进行权衡，更会激励农户进行灾后施救，减少了信息不对称带来的不利影响。二是在前述轻度灾害发生的情况下，农户可能已获得天气指数保险部分的赔款，可用于救灾或恢复生产。三是在发生严重灾害的情况下，即使出现天气指数保险指标未被触发的最坏情况，投保农户仍可以获得一定的赔付。四是以享有中央财政补贴的险种为依托，更利于天气指数保险的扩面。五

是两者的保障水平均较低[①]，即使两者均发生全额赔付也不会超过农产品的预期收益，不违背保险的经营原则，两者叠加还可以在一定程度上缓解农业保险保障水平较低的问题。

3.3.3　中间层次与附加层次组合的高水平保障模式

在我国多层次农业保险产品结构的中间层次建立以后，高保障水平的产量保险和收入保险可能成为我国新型农业经营主体所选择的主流农业保险产品。　按照美国的农业保险发展经验，产品的保费补贴比例随保障水平提升而降低。　受限于我国的财政实力，可能还无法提供相比美国的保费补贴比例，因此高保障水平的收入保险产品价格仍会是较为昂贵的。　在新型农业经营主体有较高的保障要求，但缺乏相应支付能力时，可以采用中等保障水平的产量保险或收入保险与天气指数保险等附加层次产品相组合的方式。　这种组合除了具有前一节所述的优点外，实际上以一种较为低廉的成本实现了较高水平的或有保障，也是美国农业保险领域近期正在试验的一种保险形式。

3.4　本章小结

供给侧结构性改革的实质是用改革的方法推进产业结构调整，提高供给结构对需求变化的适应性和灵活性，满足居民需要的同时

---

① 安徽试点的小麦天气指数保险赔付上限只有 150 元/666.67 平方米。

促进整体经济发展，其中优化产品供给结构、提升产品供给质量是其中的重要内容。 随着我国农村改革和现代化农业建设的快速推进，农业产业蕴藏着巨大的供给侧结构性改革动力，与此同时释放出对农业保险产品的消费潜能。 在此背景下，运用现代金融工具服务实体经济，是优化资源配置、实现结构调整和促进产业发展方式转变的重要手段。 本章首先根据农业供给侧结构性改革所引起的农业生产经营方式变化，制定出多层次农业保险产品结构的构建目标。 同时，为了减少供给升级过程中破坏性的创造可能给微观经济主体造成的冲击而制定了相应的构建原则，以增强农业保险供给侧改革的可持续性。

基于上述目标和原则，参考国际农业保险产品创新发展的趋势，针对我国农业保险市场上现有产品，依据其保险责任范围、保障水平的不同，特别是所应对的风险损失"深度"上的差异，将其划分为基本层次、中间层次和附加层次，这也是本书的重要创新。进行这样的层次划分的主要目的在于明确各层次产品的保障功能和目标群体，其在实践中的意义主要体现在政府部门可以依据不同层次的产品在支持和保障农业生产中的不同功能，以及不同层次农业保险产品所处的新供给经济周期的不同特定阶段，制定差异化的扶持政策，实行差异化的监管。 其中，基本层次的保障功能是提供灾后恢复生产的基本经济能力，在发生较严重的自然灾害损失甚至全损时，其赔付机制才会被触发。 由于其赔付被触发的可能性小，赔付水平较低，一般的小农户对其有效需求较低，其保险产品呈现一定的供给老化特征。 因此，在远期应当基于当前"成本保险"产品实现普惠性的基本农业保险保障，由财政为农业生产者提供全额保费补贴，或至少为小农户提供全额补贴，保证农业的生产能力。 中间层次的农业保险产品则主要是为新型农业经营主体提供全面而有效的农业生产经营风险保障，其应对的是发生频率和损失程度均处于中等的风险，是对整体农业生产和经营影响最大的风险区域。 该层次是近年来农业保险创新较为活跃的领域，许多创新型产品已处于供给形成和扩张的阶段，政府部门应积极营造良好的制度环境，以保障收入风险为导向，加速该层次保险产品的供给形成和扩张过程。 附加层次是为了应对发生频率较高，损失程度相对较小的风险事故而设计的，在我国适应该层次保障功能的产品主要是天气指数保险产品。 该类产品在我国农业保险实践中已经有较多的应用，是处于供给扩张阶段的产品，可以鼓励保险公司运用互联网、大数据等技术实现该类产品的快速扩张。

三个层次范围内的产品在功能上具有互补性，除了基本层次在远期可能会实现以"政府购买"形式的强制保险，其余层次的产品都可以由农业生产者自由选择和组合。 本章根据不同类型农业生产者的风险保障需要，设计了几种可能的产品组合模式，以实现不同的保障目标，体现农业产品供给功能上的多样性。

4 多层次农业保险产品结构：
基本层次

4.1 基本层次农业保险产品概述

基本层次农业保险产品在本书研究中是指，享有中央和地方财政保费补贴，保险责任范围主要是自然灾害、重大病虫害和意外事故等，保险金额以保障农户和农业生产组织灾后基本的恢复再生产能力为标准的，低保障水平农业保险产品，有时也被称为"成本保险"或传统农业保险产品。该农业保险产品类型是在 2007 年中央财政农业保险保费补贴试点之后逐步规范起来的保险品类，在我国当前的农业保险产品结构中，无论在产品数量还是保费收入上都占绝对优势，是当前我国农业保险产品中的主流产品。统计数据显示，2015 年农业保险承保主要农作物 0.964 亿公顷，占全国播种总面积的 58.98%。其中，玉米、水稻、小麦三大主粮作物保险覆盖率分别达 73.56%、69.22% 和 57.93%，[①]且绝大部分是由上述基本层次农业保险产品提供保障。

---

① 陈文辉.中国农业保险市场年报(2016)[R].天津:南开大学出版社,2016:15.

　　之所以称其为"成本保险"主要源于其保险金额的确定依据均与农业生产成本有关。对种植业保险来说，保险金额原则上为保险标的生长期内所发生的直接物化成本，包括种子、化肥、农药、灌溉、机耕和地膜等成本；而养殖业则以保险标的的生理价值为标准确定，包括购买价格和饲养成本。该类农业保险产品保障水平较低，因为其保险金额的确定主要以农产品的直接物化成本为参照，而没有采用农产品的实际市场价值，而这两者之间存在相当大的差距。这种"成本保险"暗含着一种理赔思想或理念，即投入的直接物化成本均匀分布在收获的农产品中，每一粒果实都包含成本，且以成本进行计价。由于农业生产活动周期较长，农业生产资料也是分阶段投入的，因此，我国传统农业保险产品按照农作物的不同生长环节划定了保险金额的赔付比例。以三大主粮为例，不同生长阶段保险金额的比例划分如表4-1所示。

表4-1　　　　　　　三大主粮不同生长期最高赔偿标准

水稻		小麦		玉米	
生长期	最高赔偿标准（保险金额百分比）	生长期	最高赔偿标准（保险金额百分比）	生长期	最高赔偿标准（保险金额百分比）
返青（分蘖期）	60	出苗（拔节期）	60	出苗（拔节前）	50
拔节（抽穗期）	80	孕穗（抽穗期）	80	拔节（抽雄期）	75
扬花（成熟期）	100	扬花（成熟期）	100	扬花（成熟期）	100

资料来源：国元农业保险公司网站，经作者整理所得。

　　传统农业保险产品能成为我国农业保险市场上的主流产品与政府部门的推动和支持密不可分，其中最重要的支持政策就是财政对农业保险的保费补贴。该补贴方式采用中央财政和地方财政"联动补贴"的机制,农民或农业生产组织投保只需交纳自身承担的保险费比例,其余部分由各级财政统一拨付,近 5 年的农业保险保费的各级财政补贴比例和农户自付比例如表 4-2 所示。

表 4-2 2011—2015 年各级财政及农业生产者所承担的农业保险保费比例

单位:%

年份	中央财政	省级财政	地市县财政	农业生产者
2011	38	25	13	24
2012	38	24	14	24
2013	39	24	13	24
2014	40	24	14	22
2015	39	24	14	23

数据来源:中国农业保险市场年报(2016)。

由表 4-1、表 4-2 可以看出,在多级财政的补贴下,我国农业生产者支付的农业保险费比例并不高,基本维持在 23% 左右。 中央财政的补贴比例维持稳中有升的趋势,省级财政和地方财政的农业保险保费补贴比例基本维持稳定不变。 考虑到我国农业保险的承保面积逐渐扩大,各级财政在保费补贴绝对数额上的支出是逐年扩大的。

传统农业保险产品自出现以来,为弥补自然灾害造成的农业损失,维持我国农业生产的稳定,防止农民因灾致贫、因灾返贫等方面取得了突出的成绩。 虽然与一些发达国家同层次的农业保险产品相比,我国传统农业保险在覆盖面、保障水平等方面还存在不小的差距,但在我国的农业保险产品结构中仍占据重要地位,发挥着基础性作用。

4.2 农业保险影响农户收入的理论路径

农业保险作为一种农业政策,其政策效果最终会反映在宏观经济上,但该政策效果必须需要一定的微观基础才能得以实现。 农业保险中的微观主体包括农户和保险公司,而农户又是其中起主导作用的主体。 因此,有必要分析农业保险对农户行为的影响效应。

从经济学的角度看,一项政策对一个群体的行为产生的影响,最基础、最核心的内容就是使该群体的资源配置行为发生改变。 农业生产中的主要资源包括耕地、水、农资、技术、人力、自然条件等,其中可以由农户进行配置的主要是耕地、农资和人力。 由于当前人力资本在第二、第三产业的回报远远高于从事农业的回报,农业保险亦难以弥补这一差距。 因此,在相同条件下,仅基于收入考虑的理性劳动力可能不会从事农业生产。 基于上述原因,本书从耕地和农资两方面构建理论模型,刻画农业保险对农户生产行为的影响效应。

4.2.1 对农户生产行为的影响:耕地面积

耕地是农业生产的核心资源,然而在现实中该资源并不是同质的。 耕地因地势、土质和灌溉条件等不同而被划分为不同等级。假定农户具有质量存在差异的两块土地,优质地作为其收入主要来源始终耕种,劣质地则存在遭遇自然灾害颗粒无收的风险。

则农户在无农业保险情况下,耕种劣等地的期望收益为:

$$E(R_0)=Q(1-p)-C \qquad (4-1)$$

其中，Q 为劣等地正常年份（未发生自然灾害）的产出；

p 为发生自然灾害的概率；

C 为种植劣等地的成本。

在农业生产低利润的情况下，频率不断增加的自然灾害很可能会使 E 为负，在无农业保险情形下劣等地很可能不被耕种。

假设有农业保险存在，保险费率为 π，保障程度为 λ，政府提供的保费补贴比例为 α。

在农户购买农业保险的情形下，耕种劣等地的期望收益为：

$$E(R_1)=[Q-\pi\lambda(1-\alpha)](1-p)+[\lambda Q-Q\pi\lambda(1-\alpha)]p-C \qquad (4-2)$$

对（4-2）式进行化简后得

$$E(R_1)=Q[1-p+\lambda(p-\pi+\alpha\pi)]-C \qquad (4-3)$$

比较（1）式和（3）式可得，若令 $E(R_1)>E(R_0)$，只需要 $\lambda(p-\pi+\alpha\pi)>0$，亦即：

$$\alpha>1-\frac{p}{\pi}$$

由 π 和 p 的设定可知，当 $\pi=p$ 是为公平保险，此时只要 $\alpha>0$ 即可使农户购买保险后的收益更高。

在公平保险的假定下：

$$E(R_1)=Q[1-p+\lambda\alpha\pi]-C \qquad (4-4)$$

若希望提高农民的期望收益，只需适当提高保障程度和补贴比例，当 $E(R_1)$ 达到某一正值时，农户将耕种该劣等地。

因此，农业保险的存在，可能会使原先期望收益较低甚至为负的地块得到重新耕种，进而增加总耕地面积和总播种面积。

4.2.2 对农户生产行为的影响:农资投入

农业保险对农户农资投入的影响需要考虑农户的风险偏好,此处假设农户都是风险厌恶者。农户以其最大化期望效用为目标,其效用函数为拟凹函数。其产量函数 $q(x,\theta)$ 二阶连续可导,其中 x 代表某种农资的投入量,且有 $q_1(x,\theta) \geqslant 0$[①], θ 表征当年自然条件的好坏,当自然条件好时 θ 值较大,而自然条件差时(灾害频发或损害较大)θ 偏小,因此有 $q_2(x,\theta) > 0$。θ 的分布函数 $G(\theta)$,定义区间 $[\theta_{\min}, \theta_{\max}]$,概率密度函数 $g(\theta)$。假定农作物的市场价格 p 外生,且不发生变化。

在无农业保险的情况下,农户的利润函数为:

$$\pi(x,\theta) = pq(x,\theta) - wx \qquad (4-5)$$

其中,w 是农资价格。

假定农业保险的赔付是以产量是否达到某一设定值 y^* 为条件,当产量未达到 y^* 时,农户可收到 $p[y^* - q(x,\theta)]$ 的赔付。该保险事故有一对应状态,即 $\theta^* = \theta^*(x,q^*)$,由隐函数 $q(x,\theta^*) - y^*$ 确定。由于 θ^* 亦是 x 的函数,保险的赔付条件也受到农户的农资投入 x 的影响。如果保险公司不能准确观测到 θ 或约定 x 的用量,该保险合同将面临严重的道德风险问题。

在农户参与该保险后,农户的期望效用为:

$$\int_{\theta^*}^{\theta_{\max}} u[pq(x,\theta) - wx] g(\theta) d\theta + u(py^* - wx) G(\theta^*) \qquad (4-6)$$

---

① 农资的作用是对自然条件的辅助或弥补,因此农资的使用会增加产量。对于一些研究者(Quiggin)讨论的在雨水少时施用化肥会造成"烧苗"而减产的状况可能发生在大型农场中,而在我国小农经营、精耕细作的情况下极少出现。

为使表达更简洁，令 $\pi(\theta)=pq(x,\theta)-wx$，$\pi^*=\pi(\theta^*)=py^*-wx$，则一阶条件为：

$$\int_{\theta^*}^{\theta_{\max}} u'[\pi(\theta)][pq_1(x,\theta)-w]g(\theta)d\theta-wu'(\pi^*)G(\theta^*)=0$$

$$(4-7)$$

为得到道德风险效应，对（4-7）式进行全微分得：

$$\frac{dx}{dy^*}=\frac{u'(\pi^*)pq_1(x,\theta^*)g(\theta^*)}{\Delta}\frac{d\theta^*}{dy^*}+\frac{wu''(\pi^*)pG(\theta^*)}{\Delta}$$

$$(4-8)$$

其中，$\Delta<0$，表示的是期望效用函数的二阶导数。（4-8）式右侧第一项表征保持 y^* 不变，θ^* 变化，对农资 x 用量的影响，其符号取决于 $q_1(x,\theta^*)$[①]。 等式右侧第二项表征保持 y^* 不变，θ^* 变化对农资 x 用量的影响。 由于"道德风险"的存在，农资投入的增加会提高"好状态"下的收益，但也会减少"坏状态"下的赔付，[②]总体影响的方向不确定。 对属于风险厌恶者的农户而言，第二项为正，第一项的正负由 $q_1(x,\theta^*)$ 决定，由前文设定可得 $q_1(x,\theta^*)\geq0$，故第一项为负。 因此，$\dfrac{dx}{dy^*}$ 的符号取决于上述两项绝对值的大小，即当道德风险效应强时，农资投入量随保险的出现或保障程度的增加而减少，当道德风险效应弱时，农资投入量随保险保障程度的增大而增加。

上述两个理论模型的结果说明，农业保险的存在会增加农业资

---

① 由设定 $u'>0$，$\dfrac{d\theta^*}{dy^*}=\dfrac{1}{q_2(x,\theta^*)}>0$。

② 两种状态以产量是否达到 y^* 或自然条件是否达到 θ^* 为标准。

源中耕地资源的投入，但对农资投入的影响方向取决于农业保险中"道德风险"的大小，只有当道德风险较小时，农户才会基于期望效用的考虑，在有农业保险时增加农资的投入量。

理论模型的结果是基于农业生产者各类要素投入均不受抑制和约束的理想情况下得出的。现实中，农业生产往往面临各类资源环境与制度约束，往往与理论分析结果存在一定差异，需要实证结果加以检验。此外，农业保险对农业生产的两条影响路径的相对重要性，或者说其影响效果的相对大小，也是政策制定者关注的内容，应通过实证分析进行比较，方能得出相应结论。

4.3 传统农业保险对农户收入及其构成的影响的 实证分析

4.3.1 数据来源及预处理

本书采用的数据来自笔者参与的国家社科基金重大项目"农业灾害风险评估与粮食安全对策研究"之"农业灾害管理制度演进与工具创新研究"课题组 2014—2015 年的调研数据，就农业保险对农户的行为影响进行研究。该数据是对全国粮食主产区中的四川、河南、河北、黑龙江、山东、湖南、江西、安徽八大省份的县乡镇农户的入户调查结果，如图 4-1 所示。该调查共获得有效问卷 1 001份，即涉及上千农户。主要调查内容包括农户家庭的人口与经济特征、灾害影响和风险管理策略以及对农业保险的认知和需求等。首先，根据本书的研究内容对数据进行筛选，剔除了变量所涉及问题数据不明确或缺失的样本。 其次，因本书因变量为比较收益，故以"是否有非农业收入"为条件剔除了没有非农业收入的样本[①]。 最后剩余样本量831个，其中437个参加了农业保险。

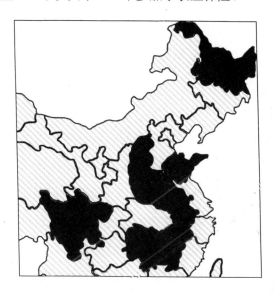

图 4-1　调研区域示意图[②]

4.3.2　模型设定及变量分析

根据上述理论分析，农业保险对农户生产行为的影响效应可直接体现为农户耕种面积变化和农资投入变化。 由于我国的土地政策，农户通过市场渠道在自己承包的责任田之外扩大耕种面积的成本较高。 农业保险的影响可能更多地表现为弃耕责任田的复耕和以

---

① 虽然农业收入近年来有所提高,但相比非农业其比较收益依然很低。普通农户作为"理性人"不可能为农业放弃非农生产,多是由于年龄较大、疾病、家庭等原因放弃打工。少数农业大户也不是本书研究的主要目标群体。
② 根据调研区域在我国的空间位置分布绘制。

"代为打理"[①]的形式耕种他人的责任田，以此来扩大种植面积。再加上不同地区的农户所分的责任田本身在面积上就存在较大差异。因此，以每个农户的耕地面积变化或变化意愿作为因变量很难反映出农户对农业保险的响应结果，且会引起估计结果的偏差[②]。而农户对农资投入量很难进行准确估计，也不适合作为模型因变量。

(1) 模型设定

由于上述问题的存在，本书研究采用种粮收入及其占比这两个指标作为模型中的因变量，其中种粮收入占比指标采用农民人均种粮纯收入与总收入的比值度量。原因主要基于以下三点：一是无论耕种面积变化还是农资投入变化，最终都会反映到种粮收入上，而非农业收入一般保持稳定，农业保险的存在应当会引起种粮收入占比指标的变化；二是种粮收入占比可以视为种粮比较收益，它的提高有利于提高农民种粮积极性，这也是农业保险的政策效果之一；三是农户对自身收入的掌握较为准确，有利于模型估计的准确性。

在此，以农户种粮收入占比 y 作为被解释变量，以农户是否购买农业保险 x 作为主要解释变量，构建如下线性计量模型：

$$y = c + \alpha x + \beta K + \mu$$

农户"是否购买农业保险"是二元虚拟变量，即 $x = \{0, 1\}$，其中取值 1 表示购买了农业保险，取值 0 则表示未购买农业保险。向

---

① 调研中发现很多农户帮助同村青壮年在外务工的家庭种植土地，并且使用成本很低，甚至没有使用成本。
② 人均土地较多的地区农业保险的展业成本相对较低，农业保险发展也较好，产生内生性问题。

量 K 为影响农户收入构成的一系列控制变量，其变量设置如表 4-3 所示。

表 4-3 控制变量描述

变量	变量名称	变量类型及含义	符号预测
控制变量	务农者平均年龄	连续型变量,实际调查数据	+
	实际耕种面积（亩）	连续型变量,实际调查数据	+
	务农人数	连续型变量,实际调查数据	+
	在外打工人数	连续型变量,实际调查数据	–
	受教育程度	分类数据变量（没上过学=1;小学=2;初中=3;高中=4;职业学校=5;大学=6）	–
	对农业保险重要性的认可度	分类数据变量（很不重要=1;不重要=2;比较重要=3;很重要=4）	?①
	面临的农业风险种类	分类数据变量（无或一种=1;两种=2;三种=3;四种=4;五种及以上=5）	–
	有无采取措施减轻灾害	二元虚拟变量（有=1;无=0）	+

(2) 变量分析

总体样本的统计特征如表 4-4 所示。

表 4-4 模型中各变量统计特征

变量名	Obs	Mean	Std.Dev.	Min	Max
种粮收入(对数)	831	8.521 551	1.211 522	5.298 317	13.823 48
种粮收入占比	831	0.331 262 6	0.329 049 6	0.003 322 3	0.955 88

---

① 表示未确定。

表4-4(续)

变量名	Obs	Mean	Std.Dev.	Min	Max
有无农业保险	831	0.525 872 4	0.499 630 9	0	1
务农者平均年龄	831	46.824 91	10.671 22	20	82
实际耕种面积（亩）	831	14.718 66	77.793 59	0.2	1 026
务农人数	831	2.482 551	1.324 24	1	13
在外打工人数	831	1.253 911	1.196 09	0	8
受教育程度	831	2.910 951	1.061 603	1	6
对农业保险重要性的认可度	831	2.980 746	0.658 303 7	1	4
面临的农业风险种类	831	2.064 982	0.914 732 8	1	5
有无采取措施减轻灾害	831	0.625 752 1	0.484 219 5	0	1

从变量总体特征上看，调研所选取的样本基本符合我国小农经营仍占农业主导地位的现状，大部分变量的均值与小农经营的特点相一致。例如，平均种粮收入约占总收入的30%，种粮收入占比偏低；务农者平均年龄约47岁，以中年劳动力居多；务农人数和打工人数均值与农村子女较多，一般由夫妻作为主要劳动力，子女兼业务农的情况也较为符合。实际耕地面积与统计部门农村家庭人均经营土地略多于0.1公顷的情况差异较大，原因是调研中有少数农业大户通过土地流转经营较多土地，对均值造成了较大影响。

以"是否购买农业保险"为条件将总体样本分为A、B两个分样本。两个分样本的统计特征在控制了土地规模为6.6公顷以下后，差别较小，具体数值如表4-5所示。

表 4-5   有无农业保险子样本均值对比

	有农业保险(A)	无农业保险(B)
样本量	423	393
种粮收入占比	0.333	0.311
务农者平均年龄	46.748	47.089
实际耕种面积(公顷)	0.456	0.315
务农人数	2.345	2.438
在外打工人数	1.121	1.420
受教育程度	2.851	2.931
对农业保险重要性的认可度	3.184	2.740
面临的农业风险种类	2.083	2.043
有无采取措施减轻灾害	0.721	0.517

对比后可得,两个子样本仅在实际耕地面积、对农业保险重要性的认可度和是否采取减灾措施三个变量上存在较大差异。 A样本的耕地面积较B样本多,一定程度上反映了其面临的客观风险较大;而A样本比B样本对农业保险重要性的认可度也许是其样本个体购买农业保险的主观原因。 有无采取减灾措施是用来检验道德风险的变量,因为救灾措施需要花费成本,传统财产理论认为被保险人购买保险后会疏于管理或降低救灾努力。 而A、B两样本的对比则显示,购买农业保险的农户在灾害后采取救灾措施的比例更高,或许可以在一定程度上反映我国农业保险中道德风险问题并不明显。

4.3.3 传统农业保险产品保障功能的实证检验

根据上述模型设定,对整体样本使用OLS方法进行估计,用两组模型检验"是否购买农业保险"对"种粮收入"和"种粮收入占比"两个因变量的影响，结果如表4-6所示。

表4-6 OLS 回归结果

	(1)		(2)	
	种粮收入	种粮收入占比	种粮收入	种粮收入占比
是否有农业保险	0. 213 564 8 *** (0. 083 235 8)	−0. 034 245 4 (0. 021 838 6)	0. 062 208 2 (0. 072 877 3)	−0. 060 071 *** (0. 020 724 1)
务农者平均年龄	−0. 004 341 1 (0. 003 899 9)	0. 004 973 5 *** (0. 001 021 9)	−0. 005 635 2 * (0. 003 387 6)	0. 004 705 7 *** (0. 000 962 8)
实际耕种面积 （亩）	—	—	0. 077 573 5 *** (0. 004 769 9)	0. 013 840 4 *** (0. 001 358 8)
务农人数	0. 015 393 1 (0. 038 849 5)	0. 030 093 4 *** (0. 102 153)	−0. 077 684 6 ** (0. 034 218 3)	0. 012 719 5 (0. 009 771 2)
在外打工人数①	—	−0. 114 235 8 *** (0. 008 671 7)	—	−0. 107 357 7 *** (0. 008 195 2)
受教育程度	0. 085 677 7 ** (0. 038 343)	−0. 033 749 *** (0. 010 044 9)	0. 087 24 *** (0. 033 296 6)	−0. 033 15 *** (0. 009 460 8)
对农业保险重要性的认可度	0. 142 877 5 ** (0. 064 002 1)	0. 047 720 1 *** (0. 016 835 8)	0. 086 438 8 (0. 055 686 6)	0. 038 971 ** (0. 015 879 9)
面临的农业风险种类	0. 086 326 3 ** (0. 042 723 8)	0. 016 065 2 (0. 011 188 3)	0. 080 943 8 ** (0. 037 102 2)	0. 015 364 5 (0. 010 537 8)
有无采取措施减轻灾害	0. 272 093 9 ** (0. 082 194 3)	0. 009 851 6 (0. 021 560 2)	0. 289 174 4 *** (0. 071 383 9)	0. 014 001 (0. 020 310 3)
_cons	7. 498 986 *** (0. 340 974 1)	0. 096 227 6 (0. 090 488 3)	7. 572 622 *** (0. 296 131)	0. 097 755 19 (0. 085 225 5)

注：*** 表示在1%的水平上显著，** 表示在5%的水平上显著，* 表示在10%的水平上显著。

两组模型之间的差异在于是否包含"实际耕种面积"变量。 模型（1）表示其他条件一致的情况下，农业保险所引致的一切行为对

---

① 由于在外打工人数与种粮收入无直接关系，故在对种粮收入进行回归时省去该控制变量。

种粮收入及其占比的影响，在本书分析中即是土地和农资投入两者的影响。 模型（2）则控制了"实际耕地面积"变量，仅反映了农业保险所引起的农资投入变化对两个因变量的影响。

回归结果显示，模型（1）中，农业保险对种粮收入为正向影响，且在1%的水平上显著，然而在对种粮收入占比进行回归时，农业保险的影响为负且不显著。 这说明现阶段，农业保险对农户增收起到了一定作用，但却没有成功调动农户从事农业生产的积极性。模型（2）在控制了实际耕地面积对农业收入的影响后，农业保险的系数虽然为正，却不显著。 在种粮收入占比的模型估计中，农业保险的系数显著为负。 这反映了农业保险引致的农资投入增加并不显著，或者由于农资价格的上升，农资的投入量增加并没有使农民收入显著增加。 从种粮收入占比的模型估计结果看，农业保险的购买者种粮收入占比较高，收入组成单一，农业保险应当能提高其收入的稳定性。 对比（1）、（2）两组模型的结果，可以得出农业保险引致的实际耕地面积增加确实促进了农民增收，但农资投入量对农民收入的影响不大。

结合前面的理论分析和统计特征，可以初步推断其原因。 首先，目前我国农业保险绝大多数保障物化成本，保障程度不高。 随着农业成本的上升，农业保险的赔偿金额经常低于物化成本。[①] 在遭遇灾害的时候，农户投入都不能完全得到保障，更不可能有收益，农户大多不愿意增加农资投入以促进增收。 其次，农业保险是以耕地面积作为其核算赔付的基本单元，农户更愿意开垦利用一些

---

① 农业保险存困境,无法覆盖物化成本,农民不解渴[EB/OL].人民网,http://www.cnfood. cn/n/2014/0318/14389.html(2015/12/16).

风险较高的耕地①，以此促进增收。 再次，少数地区农业保险推广不规范，农户并不知道自己参加了农业保险，或者对其了解较少，不仅没有意识到自身风险得到保障，反而认为增加了其种粮成本，对农资投入形成了挤出或替代效应，这也降低了农业保险促进农民增收的效果。 最后，从事农业的收益与从事第二、三产业的收益差距依然较大，农业保险不可能使劳动力回归农业，但其确实发挥了对种粮收入占比较高的农户的保障作用。

两组模型中，控制变量的参数估计大多数较为显著。 务农者平均年龄对种粮收入占比是正向影响，农户平均年龄越大其收入中农业收入比例越高，这与农业劳动者整体年龄增大的趋势相符。 实际耕地面积与种粮收入占比是正向影响，与打工人数则是负向的，也都符合基本事实。 受教育程度越高的农户家庭，收入中农业收入的比例较低的情况反映了中高教育水平劳动者逐渐脱离农业的趋势，但从事农业的农户受教育程度越高越能利用先进农业技术、识别风险，对农业收入增加越有利。 对农业保险重要性的认可度对种粮收入占比的影响为正且显著，说明对农业保险的了解可能才是农业保险发挥支农惠农作用、保障粮食安全的关键因素。

上述回归分析中，将各省的微观样本作为一个整体进行回归。实际上，不同省域内农户的经济情况、所面临的风险状况以及农业保险的发展情况均不相同，农业保险对农户生产行为的影响也可能产生差异。

本书采用聚类分析的方法，以样本中的非农业收入、种粮收入

---

① 弃耕地的复垦成本较低，通过控制物料投入能获得较高的保障水平。

和耕地面积等变量的各省均值为指标，对样本涉及的八个省份进行分类。选取系统聚类方法中的 Ward 法，度量标准为平方欧氏距离，并对指标按 Z 分数进行标准化，聚类范围 2~4 组，利用 SPSS 软件得到聚类结果如图 4-2 所示。

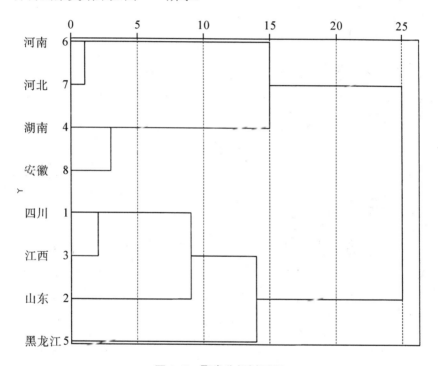

图 4-2　聚类分析树形图

根据图 4-2 所示树形图，可将八个省份分为两组，第一组为四川、江西、山东和黑龙江四省；第二组为河南、河北、湖南、安徽四省。从均值上看，第一组种粮收入占比要高于第二组。将此两组样本分别进行 OLS 回归，结果如表 4-7 所示。

表4-7 分组 OLS 回归结果

自变量	第一组	第二组
是否有农业保险	-0.080 491 5*** (0.266 621)	-0.039 003 2 (0.276 472)
务农者平均年龄	0.003 738 5*** (0.001 170 3)	0.005 396 8*** (0.001 581 7)
实际耕种面积（亩）	0.013 372 4*** (0.001 526 4)	0.019 061 5*** (0.003 682 4)
务农人数	0.006 656 6 (0.128 264)	0.030 812 9** (0.013 189 7)
在外打工人数	-0.119 235 5*** (0.011 307 6)	-0.077 290 8*** (0.010 758 9)
受教育程度	-0.029 837 1*** (0.012 172 1)	-0.019 688 6 (0.013 206)
对农业保险重要性的认可度	0.045 376 1** (0.019 538)	-0.003 253 (0.024 686 5)
面临的农业风险种类	0.014 447 6 (0.013 560 4)	-0.005 875 6 (0.144 617)
有无采取措施减轻灾害	0.012 572 6 (0.025 689 7)	0.038 693 8 (0.027 555 9)
_cons	0.179 132 8* (0.104 895 1)	-0.022 658 7 (0.127 066 7)

注: *** 表示在1%的水平上显著,** 表示在5%的水平上显著,* 表示在10%的水平上显著。

通过对上述结果的分析可以发现，截距项符号的不同反映了两组样本种粮收入占比的差异。第一组各变量系数符号和显著性与样本总体的回归结果基本一致。由于第二组样本的种粮收入占比较低，故部分控制变量的系数并不显著，是否有农业保险对其种粮收入占比的影响亦不显著。上述结果表明，农业保险在对农业收入占比较高的地区的农户作用较为明显，但其促进农民耕种积极性的作用仍未得到很好的发挥。

4.4 基于实证结果的传统农业保险产品效应分析

理论上，农业保险产品提供的适当程度的保障有助于促使农户扩大耕地面积、改变农资投入以获得最大效用，进而影响农业生产。 实证结果则显示，现行的农业保险虽然在鼓励农户增加耕种面积和农资投入以增加农业收入方面起到了一定的作用，且耕地面积变化作用更显著，但在提高种粮收入占总收入的比例方面仍不理想。 农业保险变量与收入中种粮收入的比例呈显著负相关；拥有农业保险的农户收入中种粮收入的比例比没有农业保险的农户低6%。也就是说，农业收入相对其他收入来源仍不具备比较优势，现行农业保险对农户种粮积极性的提升效果有限。 控制变量对因变量的影响则反映了我国农业生产中呈现受过教育的青壮年劳力逐渐脱离农业的趋势。 其中对农业保险重要性的认可度对因变量为显著的正向影响，在一定程度上说明，农业保险作用的发挥不一定在购买农业保险产品本身，更在于农户对农业保险功能的了解和认可。

4.5 本章小结

本章的研究对象是我国农业保险结构中的传统类型——成本保

险。 通过对其产品责任范围和保障水平的分析后发现，其保障水平偏低，保险责任设置也不尽合理，已经很难契合农业现代化形势下新型农业经营主体的农业生产风险管理需要，难以创造相应的需求，在新供给主义经济学周期中属于由供给成熟向老化过渡阶段的农业保险产品。 之所以没有被市场上其他产品所替代，主要原因在于农业保险本身并不是一个纯粹的市场化产品，政府部门仍在其中发挥重要作用，而且小农经营在我国农业生产中仍发挥重要作用，短期内仍将是我国农业生产结构中的重要组成部分，政府仍需为其农业生产风险提供一定程度的保障。

因为小农户对传统农业保险缺乏主观需求的观点已经在农业保险领域得到较一致的共识。 本书主要关注该类农业保险产品的功能或效应，只要其在稳定农户收入，减少其脆弱性方面发挥了相应的作用，政府部门以高额或全额补贴的形式购买此类产品就是合理的。 本章从农户的生产行为理论出发，将农户增加收入的行为归纳为增加耕地面积和农资投入两个方面，并在有无保险存在的情况下，分别构建模型分析了其对收入的影响，得出相应的理论结果。

基于上述理论分析的结果，本章利用笔者亲自参与的全国八大粮食主产区的千余微观调查数据样本和回归模型进行了检验。 现行的农业保险虽然在鼓励农户增加耕种面积和农资投入以增加农业收入方面起到了一定作用，且耕地面积变化作用更显著，但在提高种粮收入占总收入的比例方面仍不理想。 因此，基本层次的农业保险产品很难创造自身相应的需求，但其对农业生产的促进作用依然存在，政府部门以财政补贴的形式刺激需求或采用"政府购买"的形式供给此类农业保险产品是合适的。

5 多层次农业保险产品结构：
中间层次

5.1 中间层次产品的范围拓展

中间层次的农业保险产品的功能定位是为农业生产主体提供全方位的农业风险保障，包括生产环节的自然灾害风险和销售环节的市场价格风险。 中间层次原有的产品安排中，产量保险产品主要是为了应对自然灾害风险，收入保险产品则同时覆盖自然灾害风险和市场价格风险。 应对这些风险的方法可以分为市场化手段和非市场化手段，非市场化手段主要包括农业基础设施建设、多样化经营、农产品价格保护以及农业灾害救济等；市场化的手段则包括订单农业、农产品期货和农业保险等，农业保险是其中适用范围最为广泛，门槛较低的一种。 根据"市场在资源配置中起决定性作用"的政策导向，以及国际农产品贸易的发展趋势，许多非市场化的手段将不再适用。 相较自然灾害风险而言，市场价格风险的管理方式受到的冲击更大，以农产品价格支持政策为主体的非市场化管理工具将被逐步弱化甚至摈弃。 而在现实的市场化管理工具中，我国小农经营的模式较难符合订单农业的要求；农产品期货市场的进入门槛较高，利用度不高，在发达国家也是如此；农业保险凭借其产品设计相对灵活、可适用于小农的特点，被逐步赋予了管理农产品价格风险的职能。

近几年，农业保险产品的创新和升级方向也主要围绕深化自然风险保障和尽可能覆盖市场风险这两个方向进行。

在深化自然风险保障方面，部分地区在保险公司的推动下开展了提供更高保额的产量保险业务；全国层面则由财政部、农业部和保监会共同推动开展大灾保险试点。 其中，大灾保险试点是按照国务院的部署，在全国粮食主产省开展农业保险试点，试点对象是适度规模经营农户，试点标的首选关系国计民生和粮食安全的水稻、小麦和玉米三大主粮。 初期试点期限为 2017 年和 2018 年度，试点地域为 13 个粮食主产区中的 200 个粮食主产县。 其试点的主要目的是"满足农业规模经营的风险保障需求、增强农业保险的内在吸引力，为建立多层次、高保障的农业保险产品体系积累经验"[1]。相对于传统农业保险产品，大灾保险产品将保险产品对象限定为规模化经营主体，并通过提高保险保额以覆盖"直接物化成本+地租"的方式缓解了其对高保障水平产品的迫切需求，以助力现代农业发展和农民增收。 目前，该大灾保险产品的试点方案和试点资金申报工作已基本结束，该产品试点于 2017 年年内开展。

在尽可能覆盖市场风险方面，2014 年发布的《国务院办公厅关于金融服务"三农"发展的若干意见》中，提到了"创新农业保险

---

[1] 农业部.农业部办公厅关于做好粮食主产省农业大灾保险试点工作有关事宜的通知[EB/OL]. http://www.moa.gov.cn/govpublic/CWS/201705/t20170527 _ 5626557.htm 2017/5/25.

产品，稳步开展主要粮食作物、生猪和蔬菜价格保险"；2015 年
"一号文件"再次提及要加快推进"农产品价格保险试点"工作；
2016 年"一号文件"提出要稳步扩大"保险+期货"试点；2017 年
"一号文件"除了继续强调"保险+期货"试点外，还首次提出探索
建立农产品收入保险制度。近几年中，高频次的强调关于农产品价
格的相关保险产品试点问题，足见政府部门对农业市场风险的重
视，其思路也从单独承保价格风险逐步转变为能够实现价格风险转
移和对冲的保险方式。然而，由于我国农业保险正式起步较晚，农
产品收入保险制度的探索则是刚从政策方面提出，再加上作为收入
保险基础的产量保险发展很不充分和原价格保护政策的遗留效应尚
未消除等原因，收入保险制度短期内不易实现。在新型农业经营主
体强烈的市场风险管理需求与收入保险产品开发基础不足的矛盾之
下，催生出了一类单独承保市场价格风险的农业保险产品。作为实
现从"成本保险"向"收入保险"过渡的一类保险产品，农产品价
格保险将在未来一定时期内担负管理农产品市场风险的职能，也为
收入保险制度的建立奠定了基础。

农产品价格保险的理论研究大致可分为两方面的内容。一是农
产品价格保险为什么要开展？除了满足部分生产者风险管理的需要
外，温燕（2013）通过一个理论模型说明价格保险可以转嫁农产品
面临的价格波动风险，避免因价格下跌引致的道德风险问题扭曲传
统的农业保险经营。祁民（2008）认为：在农民进入期货、期权市
场有较大技术壁垒的前提下，价格保险是管理农产品价格风险的重
要工具，价格保险可以有效增进农民福利。二是农产品价格保险是
否具有可行性。"可保风险"是保险业务发展的根基，也是保险公司

确立其经营范围的重要约束条件。① 由于价格风险具有投机性和系统性的特点，在传统的商业保险理论中被视为不可保风险，所以，对农产品价格保险的研究首先是针对其可行性进行讨论。 王克等（2014）认为随着技术应用和政策干预，原来的不可保风险可能转变为可保风险，一个保险产品是否可行关键在于其风险能否得到分散，赔付风险是否可以控制在可承受范围之内。② 他们通过农产品指数保险风险分散方式的分析，认为目前国内小范围、低保额、针对鲜活农产品的试点，由于赔付风险小，具有一定的可行性。 张峭、汪必旺、王克（2015）分析生猪价格波动情况，其系统性和非完全随机性的风险特点与可保风险不符，但可以通过建立保费补贴和巨灾分散机制的方式实现其向可保风险的转变。③

我国农产品价格保险的试点主要在蔬菜、生猪和少数主粮产品上开展，对农产品价格保险产品的试点效果的研究也在这些农业保险产品中展开。 2011 年，上海安信在全国率先推出了蔬菜价格指数保险，由于是国内首个价格保险试点，许多学者对该模式进行了经验总结（孙占刚，2012；王德卿等，2013；赵俊晔，2014；唐甜等，2015）。 其后，在全国多地都展开了针对不同农产品的价格保险试点（李福忠等，2015；晁娜娜等，2016），针对阳光互助保险公司在黑龙江开展的水稻目标价格保险试点情况进行了研究。 在与"成本保险"比较优势研究方面，张雯丽、龙文军（2014）通过对上海的蔬菜价格指数保险和广东的政策性蔬菜种植保险试点对比发现，价

---

① 孙祁祥."可保风险"：保险业务发展之"根基"[N]. 中国保险报，2009-12-16(002).

② 王克，张峭，肖宇谷，等. 农产品价格指数保险的可行性[J]. 保险研究，2014(1)：42.

③ 张峭，汪必旺，王克. 我国生猪价格保险可行性分析与方案设计要点[J]. 保险研究，2015(1)：54-61.

格指数保险在保障力度、农户参保积极性和承保风险方面表现均优于保"物化成本"的蔬菜种植保险。[①] 不少学者针对实践中存在的不足对价格产品的方案进行了优化设计，主要包括鸡蛋价格保险（宋淑婷，2013）、生猪价格保险（张峭、汪必旺、王克，2015）。张峭等（2015）设计了基于猪粮比的生猪价格保险保单，并根据猪粮比的周期性波动设置保险期限和承保数量要求。 其他相关问题的讨论，卓志、王禹（2016）重点关注生猪价格保险中存在的巨灾风险，并提出利用政策性再保险、建立超赔基金、开发期货产品和巨灾债券等方式建立巨灾风险分散机制。[②] 杨维、吕德宏（2015）等根据微观农户调查数据研究了农户对农产品价格指数保险购买意愿的影响因素，并得出保费自负水平是影响农户购买决策的直接影响因素。 通过对各地价格保险试点情况的分析，可以总结出价格保险的实施效果，主要包括以下几个方面：一是减少了市场风险损失，稳定了生产行为；二是促进了金融服务提升；三是有利于规模化生产，促进产业提质增效（鞠光伟等，2016）。 存在的问题主要是：承保品种少，主要是蔬菜、生猪和少数主粮作物；目标价格和价格指数的确定标准差别巨大；投保门槛高，一般要求具有一定的生产规模（田辉，2016）。

农产品价格保险经过数年的试点，出现了一些问题，主要表现为两个方面：一是产品设计中的保障价格未能剔除周期性和季节性成分，造成了严重的逆向选择；二是农产品价格保险的巨额赔付风

① 张雯丽,龙文军.蔬菜价格保险和生产保险的探索与思考[J].农业经济问题,2014(1):
66-71.
② 卓志,王禹.生猪价格保险及其风险分散机制[J].保险研究,2016(5):109-119.

险无法在空间上分散或通过再保险转移。 针对这些问题，中国人保财险大连分公司联合大连商品交易所和新湖期货于 2015 年 8 月，推出了"保险+期货"产品，从实务领域进行探索。 在理论上，张峭（2015）对利用农产品期货市场的价格发现和风险转移功能解决价格保险中预期价格设定和巨灾风险转移的原理加以解释[1]。 安毅、方蕊（2016）将美国的收入保险也视为是一种"保险+期货"模式，对比了中美两国发展模式的差异，得出了我国产品在预期价格计算方面存在的不足等问题，并指出了优化和创新途径[2]。 孙蓉、李亚茹（2016）通过粮食安全的几个评价指标评估了这种"保险+期货"产品对粮食安全的可能功效[3]。

5.2 中间层次农业保险产品的市场探索："保险+期货"模式

5.2.1 "保险+期货"模式的内涵

"保险+期货"模式是我国农产品价格保险发展过程中在实务领域的创新，从模式的整体运作上看，它实质上实现了农业生产者对期货市场的间接利用，期货市场是该模式中的关键一环。 其实，无论在理论上还是发达国家的实践中，农产品期货市场都是农业生产

---

① 张峭. 双管齐下分散农产品价格风险[N]. 金融时报，2015-12-16(009).
② 安毅,方蕊. 我国农业价格保险与农产品期货的结合模式和政策建议[J]. 经济纵横，2016(7)：68.
③ 孙蓉,李亚茹. 农产品期货价格保险及其在国家粮食安全中的保障功效[J]. 农村经济，2016(6)：89-94.

者规避农产品价格风险的重要途径，但由于一些客观条件的限制（资金、产量规模、金融知识等），直接参与农产品期货市场并不是国际上农业生产者的主流选择。在农产品期货市场最为发达的美国，农业生产者对农产品期货市场的利用也大多通过间接参与的方式实现。依据美国的发展经验，间接参与方式的最简单描述就是农户通过与各种农业合作社或其他中介机构签订合约，由其代理参与农产品期货市场交易。这些合作社或中介机构代表农业生产者代销农产品，或从生产者处购买商品进行转售。无论是哪种情况，他们都会在与农业生产者签订远期合约后，按照合约中的数量和价格在农产品期货市场上建立头寸进行套期保值操作。农业生产者在此过程中不仅转移了市场风险，还能根据"惠顾比率"（Patronage Rate）[1]最大限度地获得期货市场上的收益。中小型农业生产者通过间接参与农产品期货市场能获得较高收益，这也是合作社等中介机构在美国农产品期货市场中非常活跃的原因。由于我国的农业合作社发展程度不高，缺乏对风险主动进行管理的经验，不易实现[2]和推广。在国内一些试点的基础之上，"保险+期货"模式将保险公司引入其中作为联系农业生产者和期货市场的中介组织。马龙龙（2010）在相关研究中较早提到过类似模式，并将其概括为"农户+保险公司+期货"模式，并指出在该模式的实施过程中，保险价格的确定标准、保费的分担方式、保险公司的风险分散手段等至关重

---

[1]　刘岩.中美农户对期货市场利用程度的比较与分析[J].财经问题研究，2008(5)：62.

[2]　2015年在黑龙江开展的"合作社+场外期权+期货市场"模式，需要政府组织合作社购买看跌期权，进行套期保值。

要。[①]"保险+期货"试点将该模式中的各个环节具体化,实现了农业价格风险由农业生产者到保险公司再到资本市场的转移,各参与方也从该模式中获益。

从农业生产者的角度来看,他们购买农产品价格保险,相当于获得了一份看跌期权。与普通的期权不同,农业生产者不需关注是否行权、行权日期等问题,只要农产品市场价格低于保险合同中约定的价格,农业生产者就可以获得相应赔偿。

从保险公司的角度来看,其开发的各类农产品价格保险,在再保险途径不畅[②]的情况下,风险始终集聚在公司内部,一旦发生风险事故可能会造成保险公司的巨额赔付支出。所以,价格保险产品的试点只能在较小的范围开展,或者设定较低的保险金额。在与期货市场实现对接后,保险公司可将不愿承担的价格风险转移到期货市场,利用部分保费支付权利金,剩余部分当作"中介"佣金抵补经营管理费用。

从期货市场的角度来看,由于国内期货市场尚没有相应的期权产品,需要期货风险管理公司设计场外期权合约,保险公司的这一风险转移需求增加了其业务量。而风险管理公司也不是风险的最终承担者,他们通过复制期权合约将风险转移到期货市场,并可以获得权利金收入。

---

① 马龙龙. 中国农民利用期货市场影响因素研究:理论、实证与政策[J]. 管理世界,2010(5):15.

② 由于价格风险属于系统性风险,许多保险公司不愿接受其再保险。

5.2.2　"保险+期货"模式的基本原理与赔付机制

"保险+期货"模式在理论上涉及几个关键环节，包括预期价格的确定、保险产品的定价以及场外期权的期货市场对冲。

农产品价格保险承保的预期价格应当是一种只受随机性变动影响的价格，而不能具有可被预测的趋势，否则就会导致逆向选择的问题。 一般认为，农产品价格变动可分解为趋势性变动、周期性变动、季节性变动和随机性变动。 其中趋势性、周期性和季节性的价格变动都可以根据经验或历史数据进行分析，具有一定的可以预测的成分。 而随机性价格波动是由一些突发性的外在因素导致的供需变化引致，一般不可以预测。 农产品价格保险承保的预期价格是市场主体博弈形成的远期市场化价格。 预期价格的确定需要利用期货市场的价格发现功能，即期货价格有收敛到即期价格的特性，如图5-1所示。 当交割期间期货的价格高于即期价格，交易员就可以通过卖出一份期货合约并买进相应资产，持有至到期而获利；当期货价格低于即期价格时，需要该期货产品的公司或企业就可以通过买入一份期货合约并持有至交割日而获利。 当市场上存在这种套利机会时，就会有众多的套利者通过频繁买卖期货合约使期货价格上升或下降，从而逐渐接近即期价格，套利机会消失。 期货市场的远期合约价格已经充分包容了长期趋势性、周期性和季节性等因素对农产品价格的影响，因此，期货远期价格理论上与远期真实价格非常接近。 以远期合约价格作为价格保险的预期价格，未来实际价格低于预期价格的差额完全是由保险合同签订后的不可预期的因素造成的，可以在很大程度上避免逆向选择的问题。

179

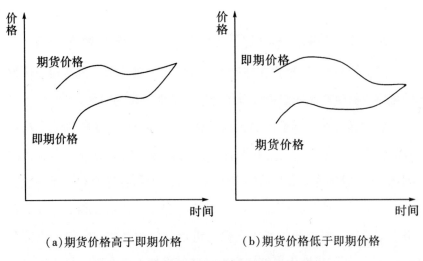

(a)期货价格高于即期价格   (b)期货价格低于即期价格

图 5-1　期货价格随即期价格的变动趋势

　　"保险+期货"模式下的价格保险产品性质与传统农业保险、天气指数保险不同。后者主要是依据灾害因素和损失的历史数据，按照风险分散和大数定律的原则设计的保险产品；而前者在实质上相当于买入一个看跌期权。因此，该模式下的价格保险产品具有期权工具收益的特点，即其收益曲线是非线性的，期权买入者可以享有损失有限、收益近乎无限的权利。如图 5-2 所示，假定 K 为期权的执行价格；C 为看涨期权的价格；P 为看跌期权的价格。买入看跌期权的企业，在标的价格未跌至执行价格 K 时面临大小为 P 的固定损失，当标的价格跌至 K 后损失额度开始减小，直至达到 $K-P$ 实现盈亏平衡，如果价格低于 $K-P$，则该看跌期权会给企业带来收益。而市场上参与期权交易的实体企业多为套期保值者，其拥有的标的资产和相应期权组合相当于把标的价格锁定为 K。

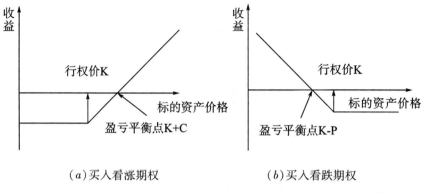

（a）买入看涨期权　　　　　　（b）买入看跌期权

图 5-2　期权收益随标的价格变化

在该"保险+期货"的模式下，对农产品价格保险产品进行定价需采用期权定价的方法，具体原理如下。 假设 S_0 为农产品当前价格； T 为期权的到期日； S_T 为农产品在到期日的价格； r 为无风险利率； σ 为农产品价格的波动率。 在到期日，看跌期权的回报为 $\max\{K-S_T,0\}$，按照 Black-Scholes 期权定价方法，在市场为风险中性时，看跌期权的期望回报为 $E(\max\{K-S_T,0\})$，以无风险利率折现的看跌期权价格为 $P=E(e^{-rT}\max\{K-S_T,0\})$。 保险公司应据此确定价格保险产品的纯保费，再加上适当的经营管理费用，保险产品的供给价格 $P_s>P$；农业生产者购买该价格保险产品会享有部分保费补贴，故有 $P_d<P$。

在国内的"保险+期货"模式实践开始时，尚没有针对农产品的场内期权交易，需要借助场外期权工具。 场外金融衍生品是国际衍生品市场交易的主流，据国际清算银行（Bank for International Settle-

181

ment，BIS）统计，场外衍生品规模占全球衍生品市场的 90% 左右[1]。 场外期权具有操作灵活，风险管理更具针对性等特点，可以同时做到对"方向性"和"波动性"两方面风险的管控。 期货风险管理公司向保险公司提供场外期权工具，并通过场内期货交易复制该场外期权，在期货市场内实现风险对冲。 其基本原理如下：图 5-3 展示了看跌期权价格随标的资产价格变化的关系，当标的价格对应于 A 点时，期权价格对应于 B 点，此时曲线的斜率为 Δ。 假定图中标的价格为 100 元，期权价格为 10 元，Delta（Δ）值为-0.6。如果采用静态对冲的策略，公司在该点卖出 10 份看跌期权，可以通过购买 0.6×10=6 份相应价格的期货合约来对冲风险。 期权头寸所对应的盈利（亏损）可由期货头寸上的亏损（盈利）进行抵消。 这实际上利用了线性的期货操作来逼近曲线的期权价值变化，它假定标的价格由 A 到 A_t 所引起的斜率 Δ 变化很小，按曲线变化后的期权价格 B_t 与按线性变化的价格 B' 非常接近，可以实现价格波动范围较小的风险对冲。 如果价格范围变化较大，对冲策略需要根据 Δ 的变化进行调整，这种过程被称为再平衡，是一种动态对冲策略，目前的"保险+期货"模式即采取了这种动态调整策略。

---

[1]　场外衍生品市场的业务种类 [EB/OL]. http://www.cs.com.cn/gppd/ysp/201601/t20160125_4892042.html.

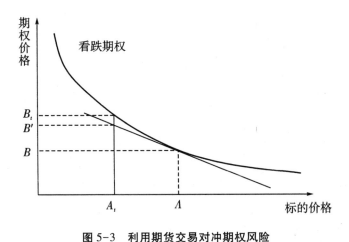

图 5-3　利用期货交易对冲期权风险

5.2.3　期货价格保险的实践:基于"大连试点"的
　　　　案例分析

农产品期货价格保险是在政府鼓励农产品经营企业充分利用期货市场的价格发现功能和风险对冲机制以及保险公司探索试点目标价格保险的双重背景下,由保险实务领域主导开发的创新型产品。

(1)试点基本情况

目前,农产品期货价格保险的试点在大连商品交易所和大连保监局的积极推动下,由中国人民财产保险公司大连分公司、上海新湖瑞丰金融服务有限公司主导开展,并被称为"保险+期货"的"大连模式",该模式的运作机制如图 5-4 所示。

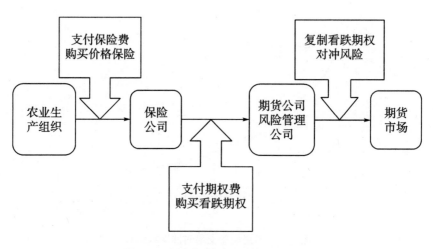

图 5-4 "保险+期货"模式运作机制

该试点的具体过程可大致分为三个环节：第一环节是农业生产组织购买保险公司开发的农产品价格保险，转移自身所面临的价格风险。 在此次试点中，农业合作社基于自身对国家玉米收储政策的判断以及保费支出的综合考量，选择的投保为 1 000 吨玉米，确定的玉米目标价格为 2 160 元/吨，将玉米 1601 期货合约作为计算理赔结算价的参考标的。 保险公司据此确定保单具体内容，并计算保险费为 115.776 元/吨，共收取了 115 776 元保费[①]，该保单的主要内容如表 5-1 所示。

第二环节是保险公司为防范价格暴跌导致巨额赔付的风险，通过向期货公司风险管理公司购买场外看跌期权产品再次进行风险转移。 在此次试点中，如果最终的理赔结算价格低于 2 044（2 160-116）元，保险公司在此项产品上将面临全面亏损。 为转移该风险，

[①] 大连商品交易所.从"龙头企业+期货"到"期货+保险"：大商所不断探索服务"三农"新模式[J].中国期货,2016(2).

表 5-1   "保险+期货"试点中农产品价格保险保单主要内容

项目	内容
保险标的	玉米
投保数量	1 000 吨
目标价格	2 160 元/吨
理赔结算价	2015/9/16 至 2015/11/16 期间玉米期货 1601 的收盘价算数均值
保险金额	max｛目标价−结算价,0｝×1 000 元
保费	115 776 元

保险公司购买了与价格保险保单项目内容基本一致的场外期权合约，将风险进行了完全转移，并向新湖瑞丰风险子公司支付了 9.66 万元权利金[①]。

第三环节是期货公司风险管理公司通过购买期货合约，对该场外期权产品的风险进行对冲。在本次试点中，新湖瑞丰风险子公司通过购买玉米 1601 期货合约并动态调整其持有量，从而实现对场外期权产品的 Delta 中性对冲。

该保险产品在 2015 年 11 月 16 日进行结算，玉米 1601 期货合约在规定日期内收盘价的算术平均值为 1 918.6 元，低于保单设定的目标价格，保险公司向参保的农业合作社支付赔款 241 400 元，并从场外期权上摊回了该赔款，对比支付的保费，保险赔付率达到了 208%。但由于保险公司将风险进行了完全转移，在除去权利金后，保险公司仍获利 1.92 万元。

由上述农产品期货价格保险的经营流程，可以得出该保险产品

---

① 大连商品交易所.从"龙头企业+期货"到"期货+保险"：大商所不断探索服务"三农"新模式[J].中国期货,2016(2).

具有下述特点：首先，保险合约中结算价格的确定利用了期货市场特定时期的合约价格，是期货市场价格发现功能的体现；其次，与农户直接参与期货市场不同，在期货价格保险中，是否选择在期货市场中进行套期保值操作以及转移风险的比例均由保险公司决定，农户只根据市场价格和目标价格之前的差异获得赔偿，其本质上属于风险对冲驱动型的保险产品；最后，农户可以在一定范围内自主选择投保目标价格和投保产量以满足自身的风险管理需要。

（2）试点中存在的问题及优化改进方向

①保险预期价格的设定

预期价格的确定规则是农产品价格保险的核心内容，按照前述的基本原理，由期货市场确定的预期价格才是仅包含随机波动风险的可保价格。除此以外，无论是根据农业生产者还是保险公司的预测确定的农产品预期价格均有可能造成逆向选择和保险产品经营困难。由于我国正处于农产品市场价格形成机制建设过程中，一系列价格支持政策的变化可能会造成市场价格单边下降。因此也有研究者[1]提出，国内目前最可行的预期价格确定方式是固定价格，也具有一定合理性，在农产品价格形成机制改革的过渡时期仍可采用，但其确定应当更加科学。例如，可以将预期价格设置为一个目标阶梯[2]，基准是区域范围内种养殖者的平均成本加上合理利润，阶梯是投保人可以根据自身经营差异围绕基准进行浮动。

在远期，仍需将预期价格的确定方式向由期货市场决定转变。根据我国农产品期货的主要品种的交易情况和相应价格支持政策可

---

[1] 李北新."保险+期货"模式保障农民收入的探索之路[J].中国期货,2016(2).
[2] 李华."保险+期货"探索农产品价格改革的金融逻辑[J].中国期货,2016(2).

以选择不同的预期价格确定策略，如表5-2所示。

表5-2　主要农产品期货交易情况①及适合的预期价格确定方式

	小麦	水稻	玉米	大豆	棉花	白糖	鸡蛋
价格政策	最低限价		市场化收购+补贴	目标价格试点		无	
价格波动	较小		较大				
期货交易活跃程度	不活跃		相对活跃	部分活跃	活跃		
期货市场价格发现功能	一般		较好				
预期价格确定方式	以最低限价为基准		期货合约	以目标价格为基准	期货合约		

预期价格的期货市场确定策略可以参考美国收入保险的实践，选择临近收获期的近月期货合约平均价格作为测算基础，因为该月份合约在收获期是主力合约，交易较为活跃，能充分趋近和反映现货价格②。但在我国，由于期货市场尚不够发达，预期价格确定所需要的理论合约可能与收获期市场中主力合约在月份上存在偏离。针对这一问题可以采取的策略是：如果存在理论合约和收货期合约在月份上的不一致，可尝试采用种植期主力合约在收获期当月或下月的平均结算价作为预期价格③；若上述月份仍出现差异过大的问题，则取收获期临近月份的期货合约计算预期价格。

---

① 余方平，王玉刚. 浅谈农产品期货价格保险（上）[N]. 中国保险报，2016-03-15(006).
② 安毅，方蕊. 我国农业价格保险与农产品期货的结合模式和政策建议[J]. 经济纵横，2016(7)：64-69.
③ 我国农产品主力合约通常有3~4个月的活跃期，只要收获期在此区间内，就可以采用该定价策略。

②保费负担与财政补贴

在该试点过程中，保费是由新湖瑞丰风险子公司垫付的，这一环节使该模式不可大规模推广。在 2017 年"一号文件"的政策指引下，该"保险+期货"模式可通过"以奖代补"的方式获得中央财政支持，与原收储和最低限价政策的财政投入相比，财政资金效率能够得到提高。

③保险公司的期货市场参与资格

首先，保险公司通过场外看跌期权虽然可以转移价格大幅度下跌的风险，同时利用期货风险管理公司的专业管理人员和技术，但也面临较高的期权费用，亦有可能产生期权费用与经营管理费用之和高于保费收入的情况，降低保险公司参与业务的积极性。此外，有研究[1]显示利用场外期权方式进行风险对冲，交易成本提高了约30%。因此，在未来一段时间内，应探索农产品场内期权产品的设计以及保险公司作为风险者进入期货市场的路径问题。目前，农产品场内期权的准备工作正在进行当中，证监会已批准郑州商品交易所开展白糖期权交易、批准大连商品交易所开展豆粕期权交易[2]，场内期权的问题正逐步实现优化。我国目前的保险资金在运用相关法律规定中，尚未许可保险公司作为风险规避者进入农产品期货市场。因此，需要在保险监管层面放宽保险资金运用渠道的相关规定。然后，关于农业保险公司作为期货市场套保者的角色认定。期货市场交易主体主要有套保者和投机者，二者在保证金和交易方

---

① 李北新."保险+期货"模式保障农民收入的探索之路[J].中国期货,2016(2).
② 国内首个场内农产品期权即将落地[EB/OL]. http://futures.hexun.com/2016-12-17/187383493.html.

面的限定条件大不相同。 一般而言,农产品期货的套保者必须是从事农产品经营的主体,而农业保险公司并未实际从事农业相关活动,因此,如何通过现行的证券交易相关规定,对农业保险公司的套保角色进行认定是保险公司进入期货市场的前提。[①]

④财务及偿付能力问题

在该"保险+期货"试点中,保险公司购买场外期权的权利金无法列支为"再保险"科目,[②]从期货公司"摊回"的赔款仍需按照"盈利"上缴税款,降低了保险公司的盈利可能性。 若要实现该"保险+期货"模式的推广和扩面,需要在相关税务指导文件中对此事项加以规范。 此外,由于金融衍生品相对于传统金融产品存在更大的金融风险,如果利用不当很可能给保险公司带来巨额的交易损失。 在当前偿付能力监管的监管体制下,金融衍生品工具的使用可能会给保险公司的偿付能力指标带来较大的波动,故应当对保险公司参与期货市场交易行为设置较为完备的操作指引,防止风险由期货市场向保险市场扩散,防范系统性风险。

综上所述,"保险+期货"模式试点是我国农业保险产品结构完善过程中的有益探索。 它适应了我国农产品价格市场化改革进程中,农业生产主体对市场风险管理的需要,并为承担风险的保险公司设计了可行的风险转移渠道,是可持续性较好的价格保险产品。虽然其产品设计仍存在一定缺陷,单纯的价格保险制度本身也存在弊端,但其作为当前最具现实可行性的阶段性农业保险产品仍具有

① 叶明华,庹国柱.农业保险与农产品期货[J].中国金融,2016(8):66.
② 张峭.基于期货市场的农产品价格保险产品设计与风险分散[J].农业展望,2016(4):80.

重要意义。 除了满足现实的风险保障需求外，更重要的是作为对市场预期价格确定机制的探索的一个构成要件，为更高发展阶段的中间层次农业保险产品的开发奠定了基础。

5.3 中间层次的发展方向：收入保险产品

如果用政策目标给农业保险产品的发展划定阶段的话，一个相对简略的概括可能是"从保'成本'、保'产量'到保'价格'、保'收入'"。 参考国际上发达国家的经验，除了对少部分容易产生严重道德风险的养殖业采用了价格保险的形式，绝大部分农业产品均越过"保价格"的阶段，采取了收入保险的产品形式。 在美国，收入保险产品已经成为农业保险产品中的主流产品。 对比我国的实际发展情况，我国农业保险产品实质上只完成了"保成本"的阶段，"保产量"和"保价格"都只存在于较短时间和较小的空间范围内。 如果将"成本保险"视作一种低保障水平的产量保险，只是限于政府财力等原因没有将其提升为足额保障的产量保险产品进行推广的话。 价格保险产品发展的制约因素或瓶颈则主要来自于其承保风险的特性，以及用保险应对这种风险的局限性。

5.3.1 纯价格风险保险产品的局限性

在农业领域中，生产经营面临的主要风险可以划分为自然风险和市场风险，其中，自然风险主要表现为各种自然灾害造成农作物减产的可能性，市场风险则表现为价格的不利波动。 所谓"纯价格风险"保险产品即只承保市场风险的保险产品，其应对的风险类型的特征决定了其在经营当中的局限性。

由于农业生产与空间、地域有关，农业生产中的风险大多存在一定的系统性特征。自然风险的系统性表现为风险单元的范围较大，减少了承保的风险单位总数量，使大数法则不能很好地发挥效果，但仍是一种可保性较强的农业风险。而市场风险由于市场经济下价格的快速传导，所有风险单元几乎面临同样的价格变化，具有完全的系统性，具体表现在三个方面①：一是不同区域农产品价格波动趋势和特征基本一致；二是农产品生产价格、批发价格和零售价格的波动趋势和特征基本一致；三是所有农产品生产者面临的价格变动趋势与特征一致。在风险发生的随机性方面，自然风险也比市场风险更符合可保性风险的要求。对自然风险来说，农业生产者虽然可以通过天气预报或预警服务了解天气风险的情况，进行一定的风险防范，但对投保区间这一较长时间跨度内的风险状况难以作出准确判断，会影响其投保决策，自然风险仍具有很强的随机性。而对于市场风险，基于丰富的农业生产经验和信息技术的支持，农业生产者可以在投保前对农产品市场价格的变化趋势进行一定的预判，容易产生严重的逆向选择问题。根据以上分析，价格风险属于商业保险理论中的不可保风险，针对这一风险开发保险产品必须借助政府财政补贴的支持。政府提供保费补贴相当于与保险公司共担风险，补贴资金来自于税收，相当于在全体居民中分散了风险。然而这些措施只是降低了保险公司发生巨额损失的可能性，并没有解

---

① 朱俊生，庹国柱. 谈农产品价格保险的几个局限性[N]. 中国保险报，2016-06-07(4).

决价格风险完全的系统性和非随机性的问题。"保险+期货"希望利用期货市场确定预期价格应对非随机性，并将系统性风险利用市场化手段进行转移，能够在一定程度上减弱其影响。但受限于我国期货市场与现货市场的相关性、农产品期货市场容量等问题，也只能针对部分区域和农业生产主体进行试点，难以承担大规模农产品的市场风险管理职能，故也具有一定的局限性。

5.3.2 收入保险产品的优势

农产品收入保险产品已经成为世界上发达国家农业保险产品结构中的重要组成部分。其从 20 世纪 90 年代出现以来，经过十几年的发展已基本取代了传统的产量保险产品，这种蓬勃发展的动力主要来自于其产品优势，本书将从农业生产者、保险公司和农产品市场三个方面进行说明。

(1) 农业生产者的角度

收入保险产品满足了其获得稳定收入的经营目标，具有实际的市场需求。在收入保险产品的起源国家——加拿大和美国，农业基本采用了家庭农场的经营方式，其生产的农产品基本全部用于出售。在这种家庭农场模式下，农场类似于小型企业，而从事农业生产则相当于职业，在承担一定的经营风险的情况下，他们追求的生产目标是较为稳定的收入。而农业收入具有两个重要的影响因素——农产品产量和农产品价格，产量保险和价格保险产品都不能在另一因素发生巨大变化的情况下保障农业生产者的收入，而收入保险的保障目标与其需求完全契合，使收入保险具有较好的需求方基础。对此，需要对我国的农业生产者进行一分为二的分析。我国的农业生产主体由传统小农生产者和新型农业生产主体组成，两者在生产目标上存在显著差异。前者大部分是为了获得农产品或对收入进行补充，面临的风险主要是自然风险；而后者则是为了获得农业经营收入，同时暴露于自然风险和市场风险之中，与美国家庭农场较为相似。所以，对于我国的农业保险产品结构而言，仅有收入保险能够契合新型农业经营主体的需求，而该主体是我国实现农业现代化进程中的中坚力量，满足其风险管理需求对推动我国农业现代化有重要作用。

(2) 保险公司的经营角度

农业风险的系统性特征本不属于商业保险公司可保风险范围，但在政府补贴弥补了巨灾损失可能性带来的高费率的情况下，农业保险才得以在商业模式下经营。对于单独的产量保险和价格保险产品带来的风险，保险公司的主要策略是通过扩大承保范围和保持持续经营，使风险在空间和时间范围上进行分散，然而，这种方式成本较高，前期经营风险很大[1]。即使采取政府提供再保险和建立巨灾保险基金的方式，也只是在后端管控风险，需要付出较高的经营管理成本。收入保险产品则利用产量风险和价格风险的负向变动关系，从前端降低了保险公司的承保风险。在小范围内发生损失时，这种负向变动可能并不明显，但更接近离散损失，保险公司的责任准备金足以应对；在发生大范围灾害时，由于整体受供需影响，产量下降的同时也会引起价格上涨。在这种机制的调节下，收入保险年度赔付的标准差会小于单独的产量保险或价格保险，从而降低了承保风

---

[1] 时间上的损失难以预期，可能在经营前期就发生亏损。

险，增加了这类保险的可行性。 从对美国农业保险赔付率数据在收入保险开展前后的比较看，保险责任的增加并没有增加其经营风险。[①]

（3）农产品市场的角度

收入保险没有对市场机制作用的发挥产生较大的影响。 市场机制作用的发挥是通过价格信号反映供求情况，生产者需要根据价格信号安排生产规模，从而实现资源的优化配置。 价格保险产品会为生产者提供一个最低的价格保障，使农业生产者对价格信号不再敏感，甚至在一些可以获利的价格下，盲目扩大生产规模，造成资源配置的低效率。 收入保险产品则将收入作为赔付的唯一标准，不对产量和价格加以限制，产量由实际生产情况决定，价格由市场决定，没有对价格机制造成扭曲，也不会促使生产者盲目扩大产量。

5.3.3　收入保险产品在我国的探索发展要点

收入保险的机制其实并不复杂，所采用的精算技术对我国的财产保险公司来说也不是障碍。 我国发展收入保险产品的难点在于缺乏相应的农业生产基础数据和农产品市场化环境，而这些可能是短期内难以弥补和改变的。 因此，我国开发收入保险产品，建立收入保险制度，需要采用与美国不同的发展思路，结合本书前文的讨论，本书提出其发展过程中需要注意的关键点：

（1）优先针对生产规模已基本稳定的新型农业经营主体

根据上述讨论，对收入保险产品存在有效需求的群体是新型农业经营主体，现实需求促使其关注收入保险产品的开发，并较传统

[①] 庹国柱,朱俊生.论收入保险对完善农产品价格形成机制改革的重要性[J].保险研究,2016(6):8.

小农更敢于尝试新型的风险管理工具。 由于我国正处于农业现代化进程当中，土地的规模化和生产的集约化是未来的发展趋势，未来一段时间将有更多的规模化农业生产者出现。 选择生产规模已经稳定的新型农业经营主体作为优先发展对象，主要考虑的是收入保险开展对产量数据有较高要求。 这类主体种植规模已经基本稳定，种植的农作物品种一般情况下也不会发生较大变化，往年的产量数据往往有据可查，便于确定其历史产量。 保险公司据此设计保单、厘定保费都相对准确，不易产生较大的风险。

（2）产品研发与农产品价格市场化改革同步

收入保险开发的另一项重要数据即是价格数据，所以对那些价格仍主要受政府调控政策影响的农产品并不适宜开展收入保险，甚至于那些政府"托底"刚放开的农产品品类，其价格往往面临单边下跌的风险，也不适宜马上开展收入保险。 只有对那些价格波动主要由市场调控的农产品，才是适合收入保险产品经营的领域。

（3）重视收入保险基础产品的发展

产量保险是收入保险产品发展的基础，是收入保险确定保障收入，即赔付标准的关键环节。 我国目前发展的"成本保险"并不是一种真正意义的产量保险，它缺乏对投保户最终实际产量的记录。美国的收入保险发展历程，是越过"价格保险"直接开展收入保险，而我国如果希望越过"产量保险"而发展收入保险产品可能不太现实。 保险公司必须通过现有的成本保险，或开展产量保险，不断积累经验和数据，才能最终实现收入保险产品科学合理的设计和顺利地开展。

5.4 本章小结

本章首先对多层次农业保险产品结构中间层次的产品范围进行了拓展。随着国家农产品价格形成机制改革的进行，农产品价格波动出现了加剧的趋势，对比自然灾害风险对农业生产的影响，价格风险的影响有过之而无不及。因此，价格风险也被包括在中间层次所应对的风险范围之中，价格保险产品也成为中间层次农业保险产品的组成部分。

"保险+期货"模式是在我国大范围开展收入保险时机和基础尚不成熟的情况下，以收入保险的价格确定机制为蓝本进行的保险产品创新。由于采用了新的预期价格确定方法和风险转移的机制设计，相对于其他价格保险产品，其更适应农业经营主体管理价格风险的需要，同时具有更高的经营可持续性，是完善农业保险产品结构的一种新供给。该"保险+期货"模式正在进行小范围试点，处于新供给的形成阶段，通过对其试点情况的案例分析，发现其在预期价格的确定、保费分担和财政补贴等方面存在的问题，并设计相应的优化和改进对策，以促进该新供给的形成。

考虑到利用保险形式承保纯粹价格风险的局限性，本章分析了当前承保价格风险效果较好的农业收入保险产品的设计优势，以及在我国进行农业收入保险产品探索所需要注意的要点。

6 多层次农业保险产品结构：
附加层次

6.1 美国"浅层损失"项目概况及产品特征

6.1.1 "浅层损失"项目概况

2014 年美国农业法案在农产品计划的第一部分废除了三项原有补贴计划，即直接支付计划（DP）、逆周期支付项目（CCP）和平均作物收入可选项目（ACRE），这被认为是此次农业法案中最为重要的变化之一。 作为对上述计划的替代，2014 年农业法案在农产品计划部分新增了价格损失保障（PLC）和农业风险保障（ARC）计划，农业生产者可以选择其中一项加入。 与此同时，为了提升农业保险在农业风险管理中的地位，2014 年新法案在保留 2008 年农业法案中农作物保险部分的所有项目的基础上，增加了补充保险选择（SCO）和叠加收入保险计划（STAX）[①]两个保险项目，为不同农作物的生产者提供更高水平的保障，并且联邦政府为这两个保险项目分别提

---

① 由于受到巴西诉美国棉花补贴案的影响,陆地棉的补贴政策在此次农业法案中几乎都是单独规定的,STAX 只针对陆地棉一种农作物。

供 65% 和 85% 的保费补贴。 其中，ARC 和 SCO 项目承担了美国传统农业保险产品没有覆盖的收入风险，是与美国产量与收入保险产品相衔接的更高层次的保障计划。 由于 ARC 和 SCO 项目均设置了较小的赔偿限额，一旦发生较大程度的损失，从触发顺序上，先由 ARC 和 SCO 项目进行赔付，当超过其赔偿限额后，再由联邦农业保险项目中的其他产品进行赔付。 ARC 和 SCO 项目之所以被称为"浅层损失"（Shallow Loss）项目，是相对于联邦农业保险产品结构中的产量保险和收入保险这类"深层损失"（Deep Loss）项目来说的。"浅层损失"项目主要是应对那些没有传统的联邦农业保险项目产品所覆盖的损失。 ARC、PLC、SCO 和 STAX 项目都会影响投保农户的风险暴露程度，但三个项目之间不是自由选择和组合的关系，而是存在一定的相互影响，如图 6-1、图 6-2 所示。

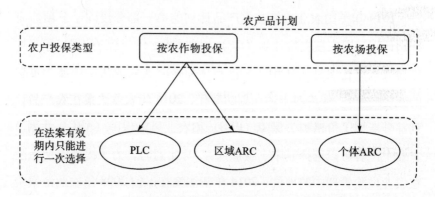

图 6-1　农业生产者对农产品计划 PLC 和 ARC 的选择

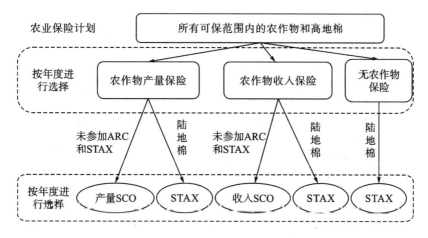

图 6-2　农业生产者对农业保险计划 SCO 和 STAX 的选择

图 6-1、图 6-2 所显示的项目选择机制的目的是为了最大限度地避免项目之间的重叠。 农业生产者不能同时选择 ARC 和 PLC，也不能同时选择 ARC 和 SCO，但同时选择 PLC 和 SCO 是允许的。 为了防范农业生产者根据市场价格变化频繁切换参与项目，农业法案规定在法案有效期内对 ARC 和 PLC 只能进行一次选择，不得更改。

ARC 项目可以提供基于独立农场或区域的收入保障，由于属于农产品计划而不是保险计划，农业生产者无须为此支付费用，并可以获得 85% 或 65%[①]基准种植面积的保障。 其中，ARC 的基准收入根据奥林匹克单产 （Olympic yield） 与全国奥林匹克均价 （Olympic average of national price） 划定[②]。 当实际收入低于基准收入的 86% 时触发赔付，赔付上限是基准收入的 10%。

[①]　85% 的保障水平针对选择区域风险保障的生产者，65% 针对选择独立农场保障的生产者。

[②]　奥利匹克单产采用五个年度的单产中去掉最高值和最低值后中间三年的单产平均值，奥林匹克全国均价计算方法与此类似。

　　SCO 项目提供区域收入保障，农业生产者参加该项目需要支付一定的保险费，该保费享有 65% 的财政补贴。 SCO 项目提供的保障基于期货价格和预估产量，以及农业生产者所选择的基础保险项目。 当实际收入低于基准收入的 86% 时触发赔偿，赔付区间从基准收入的 85% 直到基础保险项目的保障水平上限①。

　　为了更直观的理解上述项目的赔付机制，本书假设有一个典型的大豆种植者，其大豆产量与区域产量变化相一致。 根据历史产量和价格，该农户的奥林匹克单产是 123 蒲式耳每公顷，奥林匹克单价为 12. 27 美元每蒲式耳，期货价格根据芝加哥期货交易所 (Chicago Board of Trade，CBOT) 2 月份对 11 月份大豆期货的日均价格确定，该期货价格为 11. 36 美元每蒲式耳②。

　　ARC 项目支付额度的计算主要依据的是基准收入，本书以区域 ARC 项目为例，基准收入代表的是区域内每英亩的平均收入。 根据上述事例数据，该基准收入为 1 509. 21 美元每公顷，按表 6-1 中的计算规则，ARC 项目的最大赔付标准为 150. 92 美元每公顷，农户可收到的最大赔付为 127. 92 美元每公顷。 图 6-3 显示了在大豆的实际价格为 12 美元每蒲式耳的情况下，ARC 提供的支付额度随每公顷产量变化的情况，考虑到 ARC 提供的 86% 的收入保障水平和基准收入 10% 的支付限额，该项目实际上提供了基准收入 76% ～ 86% 的保障。 图 6-4 显示了 ARC 项目赔付随实际价格变化的情况。

---

① 例如基础保险项目选择的是个体收入保险，保障水平是 75%，那么 SCO 的赔偿区间就是 (75%,85%)。

② O'Donoghue E J, Hungerford A E, Cooper J C, et al. The 2014 Farm Act Agriculture Risk Coverage, Price Loss Coverage Option Programs' Effects on Crop Revenue[R]. U.S. Department of Agriculture, Economic Research Service, 2016.

表 6-1　　　　　　　　**区域 ARC 项目的赔付机制**

区域 ARC 项目的单位赔付		
ARC 保证收入 = 0.86×基准收入 收入差值 = ARC 保证收入 − 实际收入 最大赔付标准 = 0.1×基准收入		
收入差值 < 0	收入差值 > 0	
单位赔付 = 0	收入差值 ≤ 最大赔付标准	收入差值 > 最大赔付标准
	单位赔付 = 0.85×收入差值	单位赔付 = 0.85×最大赔付标准

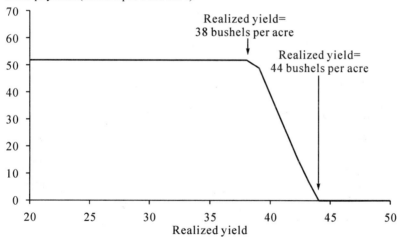

图 6-3　ARC 项目数额赔付随实际产量的变化

注:实际价格为 12 美元,数据来源于美国农业部经济研究局。

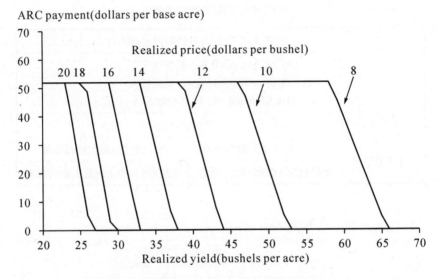

图 6-4 ARC 项目赔付随实际价格变化情况

数据来源：美国农业部经济研究局（2016）。

　　SCO 项目的赔偿方式依赖农业生产者所选择的个体基础农作物保险类型，并将其拓展为区域农作物保险产品。 例如，如果一个农业生产者投保了个体的农作物产量保险，并且选择加入了 SCO 项目，那他将获得更高水平的区域产量保障；如果其选择的是农作物收入保险，其获得的更高水平的保障则是基于区域收入的。 SCO 项目根据保单中载明的期货价格和收获期价格的较高者确定区域的每公顷预期收入。 假设该典型的大豆种植者所选择的是个体收入保险产品，保障水平为 75%，根据上述实例数据，当收获期价格低于期货价格时，该种植者每公顷预期收入约为 1 402.2 美元。 同 ARC 项目一致，SCO 项目也没有承保 86%~100% 范围内的区域收入损失。SCO 项目的每公顷赔付可以用下式表示：

$$\min\left[\max\left\{\frac{0.86-\dfrac{\text{Final area Rev}}{\text{E(Area Rev)}}}{(0.86-\text{Cov.level})},0\right\},1\right]\times\text{E(Farm Rev)}$$

$$\times(0.86-\text{Cov.level})-\text{Premium}$$

其中，Final Area Rev 代表区域每公顷实际收入，E（Area Rev）代表区域每公顷预期收入，Cov.level 代表基础保险产品的保障水平，E（Farm Rev）代表种植者每公顷预期收入[①]，Premium 代表种植者每公顷支付的保费。与 ARC 项目类似，SCO 项目的赔付也随着实际价格（收获期价格）的变化而发生变化，但由于收入保险中嵌入的最高价格保护，SCO 的赔付情况与 ARC 存在些许差异，见图 6-5。

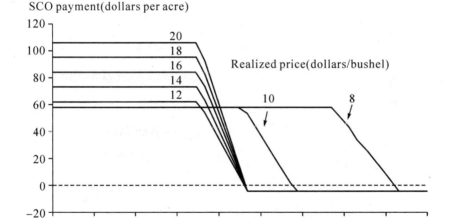

图 6-5　SCO 项目赔付随实际价格变化情况

注:基础保险项目保障水平 75%。

数据来源:美国农业部经济研究局。

————————

[①]　在收获期价格低于保单中载明的期货价格时,E(Area Rev)= E(Farm Rev)。

6.1.2 "浅层损失"项目产品特征

"浅层损失"保险项目是 2014 年美国新推行的农业风险管理项目，其运行效果尚没有采用实际数据进行分析，但通过对其产品的设计和数据模拟的结果分析，可以得出该项目产品具有以下的特点：

一是高度依赖基础农作物保险产品。 除了"浅层损失"保险项目的参与资格要求农户必须购买基础的农业保险产品（产量保险或收入保险）以外。 该项目产品的赔付指标和赔偿限额也均依据生产者所选择的基础农业保险产品确定。 这种制度安排的主要原因是"浅层损失"项目保障作用的发挥是以基础农作物保险产品为保证的。 否则，一旦发生较为严重的风险事故，仅依靠"浅层损失"项目的赔偿限额无法覆盖其损失，生产者仍具有很大比例的风险暴露，对"浅层损失"项目也缺乏实际需求。 因此，"浅层损失"保险项目需要与基础农作物保险产品组合后发挥作用，是一种附加险性质的农业保险产品。

二是具有较高的赔付优先级和较低的赔偿限额。 此处的赔付优先级是按照风险事故损失程度划定的，较小的损失就能触发赔偿被认为是优先级较高的产品。 在"浅层损失"项目产品中，ARC 和 SCO 项目产品均可在风险事故导致的损失超过预期收入的 15% 时触发赔付，相对于基础农作物保险产品更容易触发。 由于具有较高的触发可能性，为控制整体风险，"浅层损失"保险项目都严格限制了其赔偿限额。 如 ARC 项目将赔偿限额固定为预期收入的 10%，SCO

项目的赔偿限额则最高不超过预期收入的 30%①。"浅层损失"保险项目的这种设定主要是为了应对高频率、低损失的风险事故。

三是赔付标准多依据区域性指标。 ARC 项目可以将基础农作物保险产品拓展为基于个体或区域的收入保险产品，但由于基于个体农场的选择只能提供最高 65% 的收入保障水平，大多数农户均选择基于区域收入确定赔付标准②。 SCO 项目则是直接选择区域产量或区域收入作为赔付标准。 这种机制设计既可以为农业生产者提供更高水平的保障，在发生较低程度的损失时又不至于过多增加经营管理成本，仅需对区域产量或收入的平均值进行核算就可以进行赔付。

四是保障作用因区域风险的高低而不同。 此处的保障作用是指"浅层损失"保险项目和基础农作物保险产品的相对作用。 根据美国农业部的一项数据模拟研究的结果③，他们以"浅层损失"保险项目赔付与基础农作物保险赔付的比值作为衡量标准，结果表明"浅层损失"项目在风险较低区域的保障作用更强，其赔付数额甚至超过了基础农业保险产品。

---

① 当生产者所选择的收入保险保障水平为 55% 时,SCO 项目为预期收入 55%~85% 的区间提供保障。

② 基于区域收入的选择能够提供最高 85% 的收入保障水平。

③ O'Donoghue E J, Hungerford A E, Cooper J C, et al. The 2014 Farm Act Agriculture Risk Coverage, Price Loss Coverage Option Programs' Effects on Crop Revenue[R]. U.S. Department of Agriculture, Economic Research Service, 2016:26.

6.2 天气指数保险产品应对"浅层损失"的合理性分析

天气指数保险是指将一个或多个天气条件变化对农作物产量造成的损失指数化，而保险合同将这种指数作为赔付依据，当指数达到触发区间后，保险人按照约定进行赔偿。 天气指数保险是不同于传统保险产品的新的保险类型，它在一定程度上克服了传统农业保险产品所存在的信息不对称、交易成本高和高度依赖政府补贴等缺陷。 以各种气象指标作为赔付标准的天气指数保险产品可以显著提高农业保险的保障程度，并且通过与其他两个层次农业保险产品的组合实现附加保障的需要。 虽然指数类保险产品存在诸如"基差风险"等劣势，但随着土地经营规模的扩大，农业、气象和灾害损失信息的不断积累，以及指数模型和卫星遥感技术的应用，"基差风险"等造成的影响会被逐渐降低。 将其作为应对"浅层损失"的保险产品，是基于其产品特点和实务表现做出的综合划分，其合理性表现在以下几个方面：

一是天气指数保险产品和传统农业保险产品之间更多地表现为一种互补关系。 从产品的赔付机制分析，天气指数保险确实存在赔付数额与实际损失不一致的情况，根据个体的财富—效用曲线，赔付大于损失产生的效用增加量会低于赔付小于损失产生的效用减少量，理性的农业生产者一般不愿意承担这种风险，更倾向于同时购买两种农业保险产品,实证的结果也证明了这一分析结果①。 从农业保险经营机构的角度分析,其在传统农业保险产品的基础上推广天气指数保险产品的边际成本相对较低,如果希望以后者替代前者,则要受到农户普遍对新事物接受能力较弱的影响。 此外,如果以天气指数保险产品替代传统农险,保险机构还需面对向农户解释赔付与损失不一致的问题,提高了理赔过程的复杂程度和成本。 所以天气指数保险产品最好采取附加性保险的方式进行推广。

一是天气指数保险产品的赔付依据是一系列气象指标而不是损失情况,能快速做出赔付操作,适合应对变动频率较高的风险,这与"浅层损失"的风险特征是基本一致的。"浅层损失"的风险特征决定了承保该类风险的保险产品发生赔付的可能性较高,这就涉及了理赔成本的问题。 然而,不论天气指数保险产品的设计是一次赔付还是多次赔付,事故发生后都不需要保险机构进行查勘定损,只要有基本的赔款支付渠道,就能快速地进行赔付。 对保险市场供求双方而言,被保险人能较为及时地得到赔付,保险人不会增加过多的经营管理费用,以天气指数保险产品应对"浅层损失",对供求双方均较为有利。

三是在天气指数保险产品的合同条款中引入了赔付金额对应触发条件和赔付区间的设计,如图6-6所示。 保险经营机构在产品设计时可以依据长期气象数据设定赔付区间,将严重的自然灾害风险排除在外,只承担"浅层损失"的赔偿责任。 在实务操作中,最简单的做法就是设置相对较低的最高赔付限额,将传统意义上不可保

---

① 孙香玉,吴冠宇,张耀启. 传统农业保险与天气指数保险需求:替代还是互补?——以新疆棉花农业保险为例[J]. 南京农业大学学报(社会科学版),2016(5):125.

的天气风险转化为可保风险，能有效控制其经营风险。 正是由于天气指数保险一般设计了较低的赔偿限额，考虑到我国传统农业保险产品赔付限额也较低的情况，两种产品结合后，其保险金额一般也不会超过农产品所带来的预期收入，农业生产者不会额外获利。 其中，天气指数保险产品作为一种附加性保险不仅提高了保障水平，还实现了农业保险保障效率的提升。

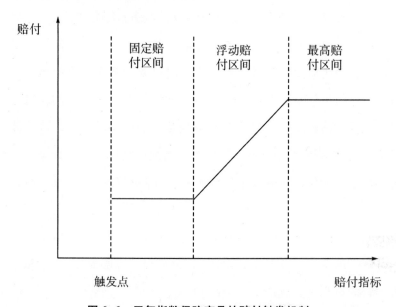

图 6-6　天气指数保险产品的赔付触发机制

6.3　对附加型保险产品有效需求的实证分析

我国农业保险产品结构的基本层次与美国有所不同，从赔付机制上分析，其并不是一种实际意义上的产量保险，不适合采用类似"浅层损失"项目的形式进行附加保障。 由于天气指数保险产品与"浅层损失"项目在功能上存在许多相似之处，根据我国农业保险产品供给的现状,可以利用天气指数保险产品暂代附加层次产品的主要职能,通过与基本层次产品的组合实现附加保障的作用。 天气指数保险与基本层次农业保险产品的组合可以视作一种新的供给模式,参照新供给主义经济学的理论,新供给会创造出相应的需求。但由于天气指数保险产品在我国的开展范围不广,许多农业生产者甚至没有听说过该类产品,直接研究对天气指数保险的需求可能并不现实。 考虑到附加层次产品的功能是在基本层次或中间层次保障水平之上附加的保障,本书从功能角度出发,研究农业生产者对附加性保险产品的有效需求。 其具体实证内容是分析当有附加性保障选择存在时,农业生产者有效需求的影响因素种类和其影响程度。

6.3.1 数据来源及变量选择

本部分研究采用的数据仍来自笔者参与的国家社科基金重大项目"农业灾害风险评估与粮食安全对策研究"之西南财经大学"农业灾害管理制度演进与工具创新研究"课题组 2015 年的调研数据。本章节实证研究的因变量是对附加保障产品的有效需求,这需要农业生产者既有购买附加保障产品的意向,又具有相应的支付意愿。在本调查问卷的"对农业保险的需求及负担能力调查部分"设置了如下问题:"如果交的保费越多,赔付比例越大,您最多愿意给一亩地交多少保费",选项为一系列价格区间。 如果将其视为农业生产者愿意为农业保险产品支付的保费之和,扣除传统农业保险产品保费中由农业生产者承担的部分,即是农业生产者为附加保障产品的支付意愿。 通过搜集国内主要农作物天气指数保险产品的保险费率情况,并考虑财政补贴的因素,本书将 20 元/666.67 平方米视为对附加保障有效需求的标准。 低于该标准的支付表示虽有需求，但没有足够的支付意愿，不是有效需求。

解释变量的选择参考了农业保险有效需求的相关研究（聂荣等，2013；孙蓉、何海霞，2015；孙香玉等，2016），并结合问卷中的相应问题，选取了影响需求的主要因素，可以分为以下几类：

一是农业生产者的人口特征，主要包括年龄和受教育程度。 一般认为年龄越大，对新事物往往采取较为保守的态度，不愿意轻易尝试。 受教育程度越高的农户越容易了解农业保险的运作机制，一般来说更容易选择采用保险方式管理自身风险。 但也有可能存在受教育程度高的农户更容易通过其他风险管理方式替代农业保险产品的功能，从而购买农业保险的意愿不足。

二是农业生产者的经济特征，主要包括种植面积、家庭总收入和农业收入占总收入的比重。 种植面积反映农户所面临的农业风险绝对数值的大小，一般种植面积越大，农户所承受的农业经营风险越大，相应具有更高的农业保险需求。 家庭总收入更多反映的是农户的实际支付能力，家庭收入越高越容易承担农业保险的支出。 农业收入占总收入的比重则反映了农户面临风险的相对大小，比重越高农业收入波动对家庭总收入的影响越大，而农业保险产品有稳定农业收入的作用，相对而言，农业收入占比较高的农户更愿意采用农业保险产品减弱总收入的波动。 对于那些家庭总收入全部来自农业的专业大户或家庭农场更是如此，除了寻求农业保险的途径转移风险外，他们更希望获得较高的保障水平，对附加保障也有更强烈的需求。

三是农业生产者风险管理的相关情况，主要包括面临农业风险的种类、是否购买传统农业保险产品和对农业保险重要性的主观评价。 面临农业风险的种类是农户对自己所处风险环境的感知，如果其认为自身的农业生产环境并不存在较大风险，就会缺乏对农业保险产品的需求，更谈不上对附加保障产品的需求。 是否购买传统农业农业保险产品，可以据此判断农户对农业保险这一风险管理工具的熟悉程度，也能反映其风险管理意识，相对来说已自主购买农业保险产品的农户具有较强的风险意识和对农业保险较好的认知。 在传统农业保险产品的实际经营中，许多村镇采用"统保"的形式开展保险业务，所以是否购买农业保险或许不能真正反映农户的风险意识和农业保险认知，需要利用农户对农业保险重要性的主观评价进行弥补。

根据上述分析，将各变量名称和定义归纳总结如表6-2所示：

表 6-2 有效需求模型变量描述

变量类型	变量名	定义
被解释变量	Edemand	对附加性保障产品的有效需求：1＝有，0＝无
解释变量	age	受访农户主要农业生产者的平均年龄
	edu	受访农户受教育程度 没上过学＝1；小学＝2；初中＝3；高中＝4； 职业学校＝5；大学＝6
	area	农业种植面积
	Lincome	受访者家庭总收入的对数值
	apercent	农业收入占家庭总收入的比例
	risk	受访农户农业生产所面临的主要农业灾害数量 无或一种＝1；两种＝2；三种＝3；四种＝4；五种及以上＝5
	oins	是否购买传统农业保险产品
	rating	受访农户对农业保险重要性的主观评价 很不重要＝1；不重要＝2；比较重要＝3；很重要＝4

6.3.2 变量分析及模型设定

本研究根据需求模型所选择的变量对入户调查所得的微观数据进行了处理，剔除了存在数据缺失的样本，根据农业收入和非农业收入计算出农业收入占总收入的比例，将农户所面临的自然灾害种类转化为个数，共得到 871 个观测值。针对这一样本，各变量的描述性统计及相关性结果如表 6-3、表 6-4 所示。

表 6-3　　　有效需求模型中各变量的描述性统计

	Mean	Median	Max	Min	Std. Dev.
Edemand	0.329 5	0	0	1	0.470 3
age	46.799 7	45	82	20	10.752 3
edu	2.907 0	3	6	1	1.075 0
area	14.222 9	4	1 026	0.2	76.021 7
Lincome	10.283 0	10.404 2	13.823 5	5.703 8	1.013 2
apercent	0.352 2	0.210 5	1	0.003 3	0.328 3
risk	2.361 7	2	5	1	0.827 0
oins	0.541 9	1	1	0	0.498 5
rating	2.036 7	2	4	1	0.672 0

表 6-4　　　有效需求模型中各解释变量的相关系数矩阵

	Age	Edu	Area	Lincome	Apercent	Risk	Oins	Rating
Age	1.000 0							
Edu	-0.262 4	1.000 0						
Area	-0.062 7	0.159 7	1.000 0					
Lincome	-0.196 4	0.226 5	0.226 1	1.000 0				

表6-4(续)

	Age	Edu	Area	Lincome	Apercent	Risk	Oins	Rating
Apercent	0. 110 3	-0. 063 3	0. 196 9	-0. 373 2	1. 000 0			
Risk	-0. 124 6	0. 105 1	-0. 000 3	-0. 006 9	0. 008 8	1. 000 0		
Oins	-0. 017 6	-0. 032 4	0. 110 3	0. 029 1	0. 072 7	0. 031 5	1. 000 0	
Rating	-0. 125 5	0. 052 5	0. 095 5	-0. 001 9	0. 163 5	0. 102 5	0. 330 6	1. 000 0

　　表6-3的统计结果表明,样本中农业劳动者的平均年龄约为47岁,并没有呈现出明显的老龄化,可能是统计对象中存在较多的兼业劳动者,虽然其仍在农忙时节从事农业劳动,但农业收入已经不是其家庭收入的主要来源。 种植面积的平均值和中值差异较大,这是由于随机抽样所得到调研对象中既包括传统的小农户又包括新型农业经营主体,其种植规模差异巨大,小农户仅耕种其按家庭人数划分的"责任田",而新型农业经营主体则通过各种形式土地流转获得了数十、百倍于小农户的土地经营规模。 农业收入占总收入比重的平均值约为35%,反映了我国农业生产中,除了少数极贫困的农户和新型农业经营主体主要收入来源是农业收入以外,大部分农业生产者多采用了兼营农业的生产方式,且该比重较小说明农业副业化的现象较为严重,相对于第二、三产业的劳动力回报,从事农业的比较收益相对较低。 表征农户是否参与农业保险的变量显示,农户参加传统农业保险的比例为54.19%,这与全国农业保险的平均覆盖率相差不大,说明该样本具有一定的代表性。 表6-4各解释变量之前的相关系数的绝对值最高没有超过0.4,可以初步判断在该模型中同时引入这些变量,不会存在太严重的多重共线性问题。

　　由于对附加性保障的有效需求是一个二元选择变量,本书采用

Logistic 模型对其影响因素进行定量分析，以克服线性方程受统计假设约束的局限。 该模型的基本形式是：$p_i = \dfrac{e^{z_i}}{1+e^{z_i}}$ 是农户购买附加性保险的概率，$1-p_i = \dfrac{1}{1+e^{z_i}}$ 是农户未购买的概率，如此则有

$$\frac{p_i}{1-p_i} = e^{z_i} \tag{6-1}$$

$$\ln \frac{p_i}{1-p_i} = z_i = b_0 + b_1 x_1 + b_2 x_2 + \cdots + b_n x_n \tag{6-2}$$

其中，z_i 为 x_i 的线性函数，$x_1, x_2, \cdots, x_n$ 为解释变量，在本部分实证中模型可以写作：

$$\ln \frac{p_i}{1-p_i} = \alpha + \beta_1 age_i + \beta_2 edu_i + \beta_3 area_i + \beta_4 Lincome_i + \beta_5 apercent_i + \beta_6 risk_i$$

$$+ \beta_7 oins_i + \beta_8 rating_i \tag{6-3}$$

6.3.3 附加型农业保险产品有效需求的实证分析

本书利用 Stata 12.1 对上述模型进行 Logistic 回归分析，回归结果如表 6-5 所示。

表 6-5   附加型保险产品有效需求 Logistic 回归结果

变量	系数	标准差	显著性水平
age	−0.006 1	0.007 4	0.407
edu	0.160 5**	0.073 8	0.030
area	−0.000 9	0.001 0	0.372
Lincome	0.089 26	0.086 1	0.300
apercent	0.220 7	0.255 5	0.388

表6-5(续)

变量	系数	标准差	显著性水平
risk	−0.175 0*	0.092 4	0.058
oins	0.450 9***	0.158 5	0.004
rating	0.535 5***	0.126 6	0.000
_cons	−3.341 4	1.115 0	0.003
LR chi2(8) = 50.33***		Pseudo R^2 = 0.045 6	

注: *、**、*** 分别表示在 1%、5%、10% 的置信水平上显著。

从表 6-5 所示的结果可以看出，模型整体的拟合优度在 1% 的置信水平上显著,说明模型所选取的各解释变量对农业生产者附加性保障的有效需求具有较好的解释力。 从模型各解释变量的显著性水平来看，受教育水平 edu、所面临的风险状态 risk、是否享有传统农业保险保障 oins 和对农业保险的重要性评价分别在不同的显著性水平上，其影响方向与预期结果也基本一致，农业生产者在风险管理方面的情况对其附加型保险产品的需求有重要影响。 而诸如年龄 age、耕地面积 area、农业收入和占比等对被解释变量的影响很小且不显著，这与预期和理论分析存在一定的差异。

6.4　基于实证结果的有效需求影响因素分析

本书利用了笔者参与调研的中国粮食主产区中 8 个省份的相关数据，分析了农业生产者人口特征、经济特征、灾害感知、对农业保险的利用和评价等几个方面的因素对附加性保障有效需求的影响。 回归结果显示，对农业保险的利用和评价方面的因素对农业生产者购买附加性农业保险产品有较为显著的影响。 下面逐一对各种影响因素的效果进行分析。

6.4.1 人口特征方面

年龄变量 age 的系数非常小且不显著，虽然在假设中年轻个体对新事物有较高的尝试意愿可能会产生较强烈的需求。 然而，在实际农业生产的参与者中，青壮年劳力的比例已经严重下降，少数年轻兼业农户对农业政策的了解和需求程度还不如长期处于农业生产一线，具有丰富生产经验的年长农民。 综合这两方面的因素，年龄变量对有效需求的影响不显著。 受教育程度变量 edu 对有效需求的影响为正且显著，反映了对于农业保险产品，特别是附加型农业保险这一具有抽象性、复杂且需考虑未来不确定性的产品，较高年限的教育有助于其理解产品的功能，进而产生需求，这与预期是基本一致的。

6.4.2 经济特征方面

表征农业收入的变量 Lincome 的系数虽然为正，与预期结果一致，但其并不显著。 这反映了农业生产者的收入或其支付能力已经不是影响其对附加型保险产品的关键因素。 由于我国目前运营的农业保险产品多是政策性农业保险，享有一定比例的财政保费补贴，特别是传统农业保险产品，中央和地方各级财政的保费补贴比例之和大约能占到总保费的 80%，农业生产者所承担的保费比例相对较少。 即是对于中央财政未给予保费补贴的天气指数保险等新型农业保险产品,地方政府为了当地农业发展的考虑也多会进行财政支持,且随着农民收入的逐年增加,支付农业保险保费已经不会对农业生产者造成太大负担。 反映农业收入占比的变量 apercent 在该回归模型中的系数为正,但并不显著。 在本书前面的假设中,种植面积和农业收入占比是区别传统农户和新型农业经营主体的主要变量。 根据理论分析,新型农业经营主体因收入结构中农业收入比例较高而面临较高的农业生产经营风险,应当对附加型农业保险产品存在更大的需求。 然而,在上述回归分析中,这两个变量并不显著,可能存在以下一些原因:一是农业收入占总收入的比重这一变量中,除了新型农业经营主体的数值接近于 1 以外,少数较为贫困的农户的农业收入也是其主要收入,但其对附加型农业保险产品的需求存在很大差异,会影响回归结果的显著性;二是种植面积整体上呈现两极分化的形式,传统农户的种植面积大多在 0.27 公顷以下,而新型农业经营主体的种植规模可以达到 66.7 公顷以上,但其在样本中所占比例较少,也可能造成回归系数不显著。 为探究其真正原因,其后将对其作进一步的分析。

6.4.3 灾害感知和评价方面

变量 risk 的系数在 10% 的置信水平上显著且为负,这与理论分析和主观认知的结果相违背。 一种可能的解释是,risk 反映的是农业生产者对自身农业经营环境的主观评价,risk 的数值越高反映其农业生产的自然环境越恶劣,农业投入的期望回报也就越低,在此种环境下进行生产的农户对额外农业投入的意愿较低,也不愿意选择附加性的农业风险保障。

217

6.4.4 农业保险利用和评价方面

该组变量的回归结果都与预期相一致，且是否购买传统农业保险产品和对农业保险重要性的主观评价均在1%的置信水平上显著。这说明对附加型农业保险产品的有效需求主要受农业生产者对农业保险的认可程度的影响，对农业保险作用较为认可的农户不仅愿意购买传统的农业保险产品，还愿意在此基础之上购买附加性保障。单独考察是否购买传统农业保险变量oins，其系数显著为正说明购买农业保险的农业生产者大多愿意购买附加型农业保险产品，两类产品之间更多地表现为一种互补或叠加关系，而不是相互替代。对农业保险主观评价变量rating的系数显著反映了传统农业保险产品的推广效果，农业生产者从农业保险中的收益能够促进其对新型产品的需求。

考虑到随机抽样得到的调研对象未区分小农户和新型农业经营主体，一方面，小农户中存在由于年岁或疾病等原因的专业务农者，其农业收入占比较高与新型农业经营主体的特征较为类似，可能会影响农业收入占比变量apercent的回归结果；另一方面新型农业经营主体的耕地面积在一定程度上是可以自由选择的，不同个体之间差异较大，而小农户的耕地面积大多是依据制度分配而来，个体之间差异不大且变化的可能性较小，可能会对耕地面积变量的回归结果显著性造成不利影响。为解决上述问题，将总体样本按照小农户和新型农业经营主体的经营特征分为两个子样本，分别考察其影响因素，分类的主要依据是耕种面积的大小。按照我国对新型农业经营主体的判别标准，专业大户的农作物种植面积需要超过3.3公项,本研究也按照该标准划分两类农业经营主体,得到新型农业经营主体子样本的样本个数为 130,传统小农户子样本的样本个数为 741,样本个数比例约为 1:6。 然后,按照相同模型分别对两个子样本进行 logistic 回归,回归结果如表 6-6 所示。

表 6-6 按农业生产主体类型的有效需求 Logistic 回归结果

变量	附加型农业保险产品有效需求	
	新型农业经营主体	传统小农户
age	0.011 3 (0.022 0)	−0.009 2 (0.008 0)
edu	0.211 1 (0.197 4)	0.152 4** (0.075 8)
area	−0.001 2 (0.001 2)	−0.014 8 (0.046 1)
Lincome	0.271 8 (0.236 7)	0.065 1 (0.107 2)
apercent	1.153 6** (0.578 2)	0.091 1 (0.357 5)
risk	0.197 1 (0.246 8)	−0.245 7** (0.105 3)
oins	0.030 8 (0.441 8)	0.553 6*** (0.170 9)
rating	0.491 5 (0.350 1)	0.543 1*** (0.146 4)
_cons	−7.391 3** (3.010 6)	−2.726 4*** (1.347 5)
N	130	741
Pseudo R^2	0.052 4	0.045 6

注:*、**、*** 分别表示在 1%,5%、10%的置信水平上显著。

　　由表 6-6 的结果可以看出，在种植面积较大的新型农业经营主体中仅有农业收入占比对有效需求有显著影响，且方向为正向，即农业收入占比越高对附加型保险的有效需求越高，这与前文的预期和理论分析是基本一致的。至于其余解释变量相对不显著，可能是由于新型农业经营主体尚处于快速发展阶段，生产方式还比较粗放，生产规模尚未稳定，其中不少专业大户和家庭农场是刚从小规模生产的模式中转换过来，对规模化生产的风险认识不足，因而使种植面积这一关键变量在统计中不显著。在对传统农户子样本的回归中，各解释变量的显著性水平和总体样本基本保持一致，是否购买传统农业保险和对农业保险重要性的主观评价对有效需求具有重要的影响。

　　根据上述实证分析的结果，在附加层次农业保险产品的推广过程中，需要根据不同的农业生产主体类型选择差异化的政策措施。对于新型农业经营主体，需加强其农业生产风险意识教育，对于种植规模较大的农业生产主体应由政府部门或保险机构主动引导其投保附加型保险。而对于传统小农户，推广的重心仍在提升传统农业保险的服务质量，提高赔付效率，增强农户对农业保险的认可程度，激发其对附加型农业保险产品的有效需求，让其自主选择是否购买附加型农业保险产品。

6.5　本章小结

本章首先对美国"浅层损失"赔付机制和模拟实施效果进行了分析，说明了其产品高度依赖基础农作物保险产品，具有较高的赔付优先级和较低的赔偿限额，赔付标准多依据区域性指标等特征，明确了其附加型保险产品的定位。然后，立足于我国农业产品创新的现状，指出在我国利用天气指数保险应对"浅层损失"的合理性。分别从天气指数保险产品与基本层次农业保险产品的可叠加性、赔付触发条件和区间设置以及快速赔付的特点等方面进行了分析。得出在我国中间层次农业保险产品供给尚未形成之前，为应对部分农业生产者对较高风险保障的需求，可以将天气指数类农业保险产品作为基本层次农业保险的附加型保险产品进行供给。

以新供给经济学的理论进行分析，一种新型产品或新模式所能创造的需求是判断其能否成为新供给的关键因素。本章通过实证分析农业生产者对附加型保险产品的有效需求及其影响因素，判断以天气指数保险产品实现农业保险产品新供给的可行性及改进方向。实证分析利用 Logistic 模型，基于微观调查数据，对不同规模农业生产者附加型农业保险产品的有效需求进行了回归分析。结果发现，影响传统小农户有效需求的关键因素是风险意识和对农业保险重要性的主观评价；而对规模化生产主体，种植面积也是其有效需求的重要影响因素。

7 研究结论、政策建议及展望

7.1 研究结论

本书在供给侧结构性改革背景下，以农业保险产品结构为切入点，从宏观层面对我国农业保险产品类型进行了规划，并构建了多层次的农业保险产品结构，旨在解决我国农业现代化进程中多样化的风险管理需求与现有农业保险产品形式单一、保障能力不足的矛盾。 从研究的具体内容上看，本书主要关注了以下几个问题：其一是农业保险多层次结构的理论基础是什么；其二是国际上是否存在运行较为成功的多层次性农业保险产品结构，其运行效果如何；其三是在农业保险产品结构较为完善的国家存在怎样的产品创新趋势；其四是针对我国农业发展的特殊转型时期，多层次农业保险产品结构的基本框架应是怎样的；其五是各层次现有产品的保障效果、过渡安排以及发展中的关键问题。

通过综合运用理论分析和实证分析相结合，跨国比较分析和逻辑演绎分析等研究方法，本书研究得出了以下主要结论：

7.1.1 多层次农业保险产品结构的构建具有其独特的理论基础

多层次农业保险产品结构的构建属于金融创新的范畴，既有新产品的出现，又能形成新的农业产品供给模式，均属于"新供给"的范畴。根据新供给经济学的理论，新供给能够创造和匹配新的需求，且处于新供给经济周期不同阶段的产品需要有差异化的支持和管理政策与之对应。此外，依据保障水平或应对灾害"深度"所进行的划分适应了不同类型农业生产者的差异化需求，这与风险偏好等理论相匹配，可以满足现代农业管理的需要。农业保险产品除了其准公共物品的属性外，从形式上看，其仍是一种金融产品。多层次农业保险产品结构的构建过程涉及新型农业保险产品的开发，是一种金融产品创新过程，隶属于金融创新的范畴。从微观基础的视角出发，多层次的农业保险产品创新实现了保障水平的层次性，农业生产者可以根据风险偏好理论，自主决定转移给保险公司的风险比例，以实现自身效用的最大化。从中观行业的视角出发，现代农业风险管理的范围已经从单纯的生产风险拓展到了市场风险，多层次农业保险产品的创新可以实现这种全面风险管理的需求，符合现代风险管理理论的发展方向。从宏观产业的视角出发，多层次的划分有利于农业保险产品供给的优化和升级，有利于推进农业产业的现代化进程。

7.1.2 美国农业保险产品结构呈现多层次的特征，并取得了较好的运行效果，世界上其他农业大国的农业保险也具有向多层次化发展的趋势

通过对美国农业保险产品结构建立过程的研究，发现其产品结构无论在保障水平还是保障内容上均存在层次性的特征，其较高的农业保险覆盖率和平均保障水平以及稳定赔付率均反映出其较好的保障效果。 同为发展中国家的印度，虽然在农业保险的覆盖率上仍有欠缺，但其也通过发展和完善新的产品层次，实现不同层次之间产品在保障功能和保障水平上的互补。 反观国内农业保险产品结构的现状，产品构成单一的特点十分明显，在经营过程中表现为过于依赖基本层次"成本保险"的保障功能，对其他类型农业保险产品的开发缺乏统一安排和有效的激励措施。 从我国农业保险的实际运行情况来看，仅通过对基本层次"成本保险"的改良（扩大责任范围、提高保险金额），已经很难满足农业生产经营主体对风险保障的多样化需求，甚至可能对保险公司的可持续经营产生不利影响。 在此情况下，应当顺应国际农业保险产品创新发展趋势，逐步开展多层次的农业保险产品结构建设，才能较好适应我国农业供给侧改革的发展趋势。 近期，国家层面推出的专属于农业大灾保险产品以及地区性试点的"保险+期货"模式都是这一路径下的良好探索。

7.1.3 农业保险产品的多层次性主要体现在保障水平、保险单元、保费补贴和政府职能方面的差异性和可选择性方面

通过对中、美、印三国农业保险产品结构特征的对比，发现其产品的层次性主要体现在以下几个方面：一是不同层次产品的保障水平一般不同，高层次产品是对低层次产品保障水平的扩展或附加。二是不同层次的农业保险产品一般是针对不同保险单元的，采用不同保险单元进行精算的风险和费率也不相同，农户针对同一标的可以在各层次中选择与自己风险管理需求相匹配的方式进行投保；且由于不同层次农业保险产品所选择的保险单元不同，各层次产品之间具有很好的互补性。三是保费补贴的层次性与保障水平相联系。农户选择的保障水平越高，相应的补贴比例越低，体现政府与农业生产者在风险分担上的权衡，提高了保费补贴的效率。四是政府职能大小在不同层次产品间是不同的，较低层次的农业保险产品是为了保护基本的农业生产，政府作用体现得较为明显，对保单设计和定价方面都有较严格的限制；而对较高层次的农业保险产品，政府部门主要发挥审核监管的职能，允许保险公司自行设计保险产品参与市场竞争。

7.1.4 我国现有农业保险产品和农业生产方式均具有特殊性

通过将我国主要农业保险产品与其他国家进行对比后发现，我

国传统农业保险产品在保险责任方面与一般产量保险产品存在较大差异，进而造成承保风险的不同。具体而言，一般产量保险只要达到预定产量就不会进行赔付；而我国成本保险产品并没有设定产量标准，而是在每次灾害事故发生后通过对减少产量进行预估而计算赔偿，农户收到的赔偿与其最终的产量损失并不直接相关。如果不考虑相对免赔额的因素，我国农业保险产品在发生较低程度损失时，赔付风险会远高于一般的产量保险。此外，在保险金额的确定方面，我国成本保险也与一般产量保险不同，其不是基于农产品价格，而是以投入的直接物化成本为依据，保险金额一般较低。我国农业生产方式正处于从分散小农向规模化生产主体转变的过程当中，两类主体的数量和比例都处于快速的变化之中。这与美国以大规模家庭农场生产为主和印度以小农户生产为主的相对稳定模式不同。我国这种二元的农业生产主体结构使得农业保险产品结构在构建时必须分别满足两类主体差异性的风险管理需要，并且要设计一定的激励相容机制，以使一类主体在选择农业保险产品时不至于侵害另一类主体的利益。

7.1.5 我国多层次农业保险产品结构的基本框架可具有三个层次:基本层次、中间层次和附加层次

本书在基于维持小规模农户效用水平和农业保险公司可持续经营的原则下，通过借鉴国际经验并结合我国农业经济实际发展阶段，构建了包含三个层次的农业保险产品结构。三个层次包括基本层次、中间层次和附加层次，分别用以应对不同损失程度的农业灾害事故。其中，基本层次提供最基础的保障，其总体赔付数额不

高,是为了在发生严重自然灾害导致产量锐减或绝收的情况下为农户提供基本的恢复再生产的资金。 中间层次范围内的保险产品是国际上农业保险市场较为发达的国家普遍采用的产品形式,以较高保障水平的产量保险和收入保险为特征,其应对的是发生频率和损失程度均为中等的自然风险和市场风险。 相对于基本层次,中间层次不仅提供了灾后的恢复再生产资金,还具有一定程度的收入支撑和保障作用,使农业生产者在遭遇相对严重的风险事故时,减少收入损失的幅度。 由于中间层次并不能提供100%水平的产量或收入保障,附加层次是在中间层次保障水平上的进一步提升。 附加层次应对的主要农业风险事故具有发生频率高、损失程度较低的特点。 也正是由于该特点,如直接利用中间层次的农业保险产品保障加以覆盖,不仅会产生较高的经营管理费用,较高的保费也是农业生产者不愿意承担的。 故附加层次农业保险产品多采用基于区域指标的赔付方式,以最大限度地减少理赔费用,并通过扩大保险单元降低赔付风险,相应地降低了保险费率。 在这三个产品层次的基础上,本书还针对我国现有的农业保险产品形式,设计了层次之间的贯通模式,既实现了不同层次产品在功能上的互补,也可满足农业生产者更为多样化的风险管理需求。

7.1.6 传统农业保险产品对农业现代化生产的促进作用有限,但却是不可或缺的基本层次

在基本层次农业保险产品对农户生产行为影响的理论研究中,保障水平适宜、赔付机制合理的农业保险产品应当具有促进农户扩大种植面积、增加农资投入的激励。 然而,在传统农业保险产品对

小农户生产行为影响的实证分析中发现，农业保险虽然对农业收入存在正向影响，但对农业收入在总收入中所占比重并没有显著影响，这说明传统农业保险产品虽然在稳定农业收入中发挥了一定作用，但并没有提高农业生产的比较收益。 在嵌套模型中控制了种植面积变量，农业保险对农业收入的影响变得不再显著，对农业收入占比呈现了负向影响，这说明农业保险引致的农资投入增加并不明显，农业收入的增加主要来自种植面积的扩大。 综合分析上述实证结果发现，传统农业保险产品并不能充分调动农户从事农业生产的积极性，通过扩大种植面积而不是提高土地生产率的方式增加农业产量不可持续，也并不符合我国农业的改革发展方向。

7.1.7 "保险+期货"模式属于为适应新型农业经营主体需求的农业保险产品结构的中间层次

参考国外产量保险和收入保险的发展经验，较高的历史产量数据要求决定了我国短期内很难建立起覆盖较广的产量保险或收入保险制度。 然而，农业现代化进程中出现的新型农业经营主体对市场风险保障和高水平保障存在现实需求。 考虑到新型农业经营主体在农业现代化和农业供给侧改革中的重要作用，需要针对其开发相应的新型农业保险产品，"保险+期货"模式产品就是其中具有较高可持续性的一种。"保险+期货"模式参考了美国收入保险预期价格的期货市场确定方法，承保农业生产者的市场价格风险，相对于其他承保价格风险的保险形式，"保险+期货"模式将价格风险打包后利用场外期权产品进行了转移，降低了价格风险的系统性特征对保险公司可持续经营的不利影响。 随着农产品期货市场的发展，农产品场内期权产品的出现，以及保险公司作为套期保值者进入期货市场交易资格的明确，该模式的操作成本将逐步下降，可持续性增强。此外，该模式目前主要针对新型农业经营主体，保险公司可以借此积累相关的农业产量数据和预期价格确定经验。所以，该模式是我国农业保险产品结构中间层次的良好供给创新，有助于中间层次的主体产品形式逐步向更具效率的收入保险产品的方向升级转化。

7.1.8 天气指数保险产品可为更广泛的农产品生产者提供附加性保障，并作为附加层次的主要产品类型

本书根据美国"浅层损失"项目特点设计了农业保险产品结构的附加层次，其目的也是为了应对"浅层损失"的风险，为农业生产者提供附加性保障。从农产品的范围角度来看，相对于中间层次的保险产品需要受到农产品期货市场交易种类的限制，天气指数保险产品可承保的农产品范围更为广泛。从农业生产者需求角度，根据本书基于笔者参与的全国粮食主产区千余份入户调研问卷数据的实证分析结果，不仅新型农业经营主体对附加型保险产品存在有效需求，一些风险意识较高，对农业保险的重要性具有较高评价的小规模农户也对该产品存在有效需求。所以，针对中间层次产品无法覆盖的农产品生产者，可利用天气指数保险产品为其提供附加性保障。只要产品的赔付机制合理，再由政府提供适当的保费补贴，借助现代网络信息技术，天气指数保险产品可能是最具推广可行性的附加层次农业保险产品。

7.2 政策建议

我国农业保险产品结构距离实现"多层次"的目标还有一定差距，在多层次结构的构建过程中，需要全面调动农业保险市场上各参与主体的积极性，本书根据上述研究结论，综合近期政策文件导向，对我国农业保险供给侧结构性改革过程中的多层次产品结构的构建提出如下几点政策建议：

7.2.1 建立和完善双向的农业保险产品开发管理体制，促进农业保险供给侧结构性改革

我国目前的新型农业保险产品研发的主要工作是由保险公司承担的，产品设计完成后提交中国保监会备案、审核，是一种"自下而上"的产品开发模式。国际上存在的另一种"自上而下"产品开发模式是由全国统一的农业保险管理机构负责农业保险产品开发。两种方式各有特点，前者立足于农户需要，产品具有更强的实用性；后者则因与各种政策相互配合具有更好的产品经营的可持续性。鉴于世界上多数国家已经出现两种模式融合的趋势（如美国），结合我国农业保险产品结构构建的需要，需要从两个方面对我国农业保险产品开发管理体制进行改进。一方面，政府对进行农业保险产品开发的农业保险公司切实实施"以奖代补"政策，补偿保险公司研发成本，对提交的农业保险产品方案实行一定时期的知识产权保护，并及时配套保费补贴和再保险支持，提高农业保险公司

231

开发新型农业保险产品的积极性。 另一方面，针对政府部门有意探索的农业保险产品种类（如收入保险），特别是针对大宗农作物的农业保险产品，应由现有的中央部门或各部门组成的工作组通过对各地区试点的调研后，统一设计保险产品的基本条款、试行区域、定价标准、财政补贴安排和巨灾分散安排等内容，才能使此类保障水平较高、风险相对较大的新型农业保险产品尽快在农业保险市场上投入运行。

7.2.2 政府部门应优化农业保险中央财政补贴机制,逐步实现多层次性

目前我国对农业保险产品的中央财政补贴仅限于基本层次的成本保险产品，随着农业生产方式的变化，该范围划定显得相对狭窄，单一的农业保险产品难以实现中央财政补贴的政策目标，新型农业保险产品则又难以获得中央财政的支持，保险公司和地方政府缺乏相应的开发动力。 针对这个问题，中央财政的补贴机制可以从两个方面进行优化。 一方面，中央财政保费补贴应突破农业保险产品的品类局限，对区域试点效果好或维护粮食安全功效较强的农业保险产品逐步实现中央财政补贴；或者建立某种长效的财政预算安排或机制，试点中的农业保险产品可以通过一定的绩效考核或审核程序获得中央财政的保费补贴。 另一方面，中央财政应建立以保障水平为基准的保费补贴比例联动机制，保费补贴比例随产品的保障水平提高而降低，既体现政府对正外部性较强的农业生产的支持，又体现农业生产作为一种经营活动，其经营者应当承担一定比例风险的特点。 特别是对于粮食主产区，保障水平和保费补贴比例的联

动表现为,逐步实现对基本层次成本保险产品的全额补贴,对更高保障水平的产品依保障水平实行反向的差异化补贴。

7.2.3 保险公司在新型农业保险产品开发中应充分利用各类先进技术,创造出新产品和新供给

参照新供给主义经济学的理论,促使新供给出现的主要因素有新技术、新模式。而对于传统农业保险产品来说,新技术的利用可以提高农业保险产品费率厘定的科学性,在满足农业生产者的实际需求的同时降低保险费率,从而产生新的需求。新型农业保险产品如收入保险的研发需要较精确的产量数据和精算技术,而我国农业的小农经营的模式使我国耕地产量数据零碎而庞杂,逐户进行数据统计的成本极高,保险公司无法负担。而我国农业现代化发展对以产量数据为基础的保险产品产生了保障需求,这意味着我国农业保险产品的开发必须采取全新的思路。随着卫星遥感、航拍技术和地理信息系统在农业保险领域的更深层次运用,不同规模地块的产量均可以采用光谱分析进行反演,并进行数字化显示,且该数据具有很好的连续性和较高的采样频率,保险公司可以据此估计特定地块的产量,更科学地进行产品设计和费率厘定。在此基础上产生的收入保险产品,既可满足农业生产对农业收入进行管理的需求,也是一种新供给,能够产生新的需求。新模式的应用目前主要体现在农业保险产品的销售和理赔方面,通过现代信息技术的利用,与互联网的结合,一部分农业保险产品能够实现全程在线的投保和理赔,使得原先一部分对农业保险不甚了解或觉得投保、理赔环节烦琐的农业生产者可以轻松地获得农业保险的保障功能信息并进行投保,创造了新的需求。

7.2.4 政府应根据不同层次的功能定位与所处的新供给经济周期阶段综合考虑，施行差异化的扶持和监管政策

在多层次农业保险产品结构的层次划分中，综合考虑了其保障功能和在新供给经济周期中所处的不同阶段。基本层次的农业保险产品，虽然其产品本身已处于供给老化阶段，创造需求的效率较低，但由于其为农业生产者提供了最基本的保障，在防止农业生产者因灾致贫、因灾返贫方面发挥关键作用，政府仍应为其提供较高比例的补贴，并保持产品保障水平的稳定性；而中间层次的农业保险产品是对基本层次保障水平的补充和扩展，且基本处于新供给形成的初期，考虑到其对农业现代化进程的关键作用，政府部门应尽早为其安排相应的政策支持，营造较好的产品创新环境，加速或催化新供给的形成，使其尽早进入供给扩张阶段，从而实现农业保险产品结构的优化；而对于以天气指数保险产品为主体的附加层次，其提供的是一种附加性的保障，其产品设计原理和风险转移机制都相对完善，有商业化运营的潜力，处于供给扩张的阶段。政府部门的主要职能是为其提供较完善的产品设计和知识产权的保护机制，保障保险公司能够从农业保险产品创新中获得适当的利益。

7.3　研究展望

　　试图为中国各类农业生产者构建适合其风险管理需要的多层次农业保险产品结构框架，本书从我国农业生产者结构的特殊性出发，借鉴了国际上层次性农业保险产品结构的基本结构，较全面地分析了我国建立多层次结构的必要性、可行性、具体框架设计和各层次产品的发展方向等。 但由于农业保险产品问题更多地涉及实务领域，各层次产品效果和功能的发挥依赖于产品的运行环境和农业生产者的实际反映，针对这些问题需要进行更为深入的研究。

7.3.1　基础层次农业保险产品的差异化费率问题

　　基本层次的农业保险产品的政策目标是为所有农业生产者提供最基本的风险保障，应当具有最广泛的实施范围，尽可能实现"应保尽保"。 但其费率不适合采用统一费率，按照省域区划的一省一费制也过于粗糙，需要根据自然风险的空间相关性进行风险区分，依据不同的风险分区厘定保险费率，尽可能实现风险和保费责任的匹配，只有这样才能实现基本层次农业保险的有效运行。 因此，未来需要对这一领域进行更为深入的研究。

7.3.2　新型农业保险产品的适用性问题

　　对于中间层次和附加层次的农业保险产品，由于产品设计需要较高的数据基础要求，需要谨慎选择试点范围。 对于"保险+期货"模式的试点区域选择应考察当地的新型农业经营的发展程度，生产模式稳定，农产品标准化程度较高地区有利于该模式的推广。此外，"保险+期货"模式对期货市场的有效性具有较高的要求，在后续研究中先对目标农产品期货合约的有效性进行检验，优先发展期货价格与现货市场联系较紧密的产品，设计"保险+期货"模式产品。 对于天气指数保险存在的基差风险问题，应当选择天气变化空间联系较为紧密的农产品产区作为优先发展地区，对这些区域的选择也需要在未来进行明确。

7.3.3 农业保险产品补贴的多层次性问题

补贴的多层次性是农业保险产品结构多层次性的重要体现。 然而，目前我国仅在不同地区的农业保险产品的保费补贴上体现了些许差异性，针对农业保险产品对应保障水平的层次性补贴问题，无论在学术研究还是政策文件中都较少涉及。 按照国际上的实践经验，根据不同层次产品和同一产品不同保障水平设置差异化的补贴比例能够显著提高农业保险产品结构的运行效率。 但在我国财政资源限制较强的情况下，利用这种方式来提升农业保险资金的利用效率很有研究意义，而这种层次性补贴比例的划定必须以科学的测算为前提，这也是未来研究的一项重要内容。

参考文献

一、中文部分

[1] 黄有光. 福利经济学 [M]. 周建明, 等, 译. 北京: 中国友谊出版社, 1991.

[2] A. 恰亚诺夫. 农民经济组织 [M]. 萧正洪, 译. 北京: 中央编译出版社, 1996.

[3] 保罗·萨缪尔森, 威廉·诺德豪斯. 经济学 [M]. 16 版. 萧琛, 等, 译. 北京: 华夏出版社, 1999: 268.

[4] 哈尔·R. 范里安. 微观经济学: 现代观点 [M]. 费方城, 等, 译. 上海: 格致出版社、上海三联书店、上海人民出版社, 2009.

[5] 乔治·E. 瑞达. 风险管理与保险原理 [M]. 10 版. 刘春江, 译. 北京: 中国人民大学出版社, 2010.

[6] 乔治斯·迪翁, 斯科特·E. 哈林顿. 保险经济学 [M]. 王国军, 等, 译. 北京: 中国人民大学出版社, 2005.

[7] 西奥多·W. 舒尔茨. 改造传统农业 [M]. 郭熙保, 译. 北京: 商务印书馆, 2006.

[8] 安毅, 方蕊. 我国农业价格保险与农产品期货的结合模式和

政策建议 [J]. 经济纵横, 2016 (7).

[9] 曹卫芳. 农业保险对我国农业现代化发展作用的经济学分析 [D]. 太原: 山西财经大学, 2013.

[10] 曹雪琴. 农业保险产品创新和天气指数保险的应用——印度实践评析与借鉴 [J]. 上海保险, 2008 (8).

[11] 曾玉珍, 穆月英. 农业风险分类及风险管理工具适用性分析 [J]. 经济经纬, 2011 (2).

[12] 柴智慧. 农业保险的农户收入效应、信息不对称风险 [D]. 呼和浩特: 内蒙古农业大学, 2014.

[13] 晁娜娜, 原瑞玲, 张莹, 等. 促进粮食目标价格保险发展的思考——基于庆阳农场、二九〇农场的调研 [J]. 农业展望, 2016 (5).

[14] 陈克存, 陈盛伟. 我国农业保险指数化发展研究 [J]. 当代经济, 2015 (32).

[15] 陈颂东. 工业化的阶段性与工业反哺农业 [J]. 西部论坛, 2015 (4).

[16] 陈文辉. 中国农业保险市场年报 (2016) [R]. 天津: 南开大学, 2017.

[17] 陈晓安, 叶成徽. 农业保险中的政府角色: 理论诠释与中国的选择 [J]. 保险研究, 2012 (2).

[18] 陈晓安. 中国农业保险财政补贴的绩效及其政策优化 [D]. 成都: 西南财经大学, 2012.

[19] 程静. 我国农业保险市场的信息不对称及其规避路径 [J]. 农村经济, 2010 (5).

[20] 大连商品交易所. 从"龙头企业+期货"到"期货+保险": 大商所不断探索服务"三农"新模式 [J]. 中国期货, 2016 (2).

[21] 邓大才. 粮食安全的模型、类型与选择 [J]. 华中师范大学学报 (人文社会科学版), 2012 (1).

[22] 丁少群, 王信. 政策性农业保险经营技术障碍与巨灾风险分散机制研究 [J]. 保险研究, 2011 (6).

[23] 冯登艳. 农业保险是私人物品吗 [J]. 江西财经大学学报, 2009 (1).

[24] 凤兰, 李晓林. 农业保险的发展: 两难困境与产品选择 [J]. 上海金融, 2013 (3).

[25] 傅泽强, 蔡运龙, 杨友孝, 等. 中国粮食安全与耕地资源变化的相关分析 [J]. 自然资源学报, 2001 (4).

[26] 高帆. 中国粮食安全的测度: 一个指标体系 [J]. 经济理论与经济管理, 2005 (12).

[27] 郝演苏. 关于建立我国农业巨灾保险体系的思考 [J]. 农村金融研究, 2010 (6).

[28] 何小伟, 庹国柱, 李文中. 政府干预、寻租竞争与农业保险的市场运作——基于江苏省淮安市的调查 [J]. 保险研究, 2014 (8).

[29] 黄季焜, 杨军, 仇焕广. 新时期国家粮食安全战略和政策的思考 [J]. 农业经济问题, 2012 (3).

[30] 黄季焜. 中国的粮食安全面临巨大的挑战吗 [J]. 科技导报, 2004 (9).

[31] 黄英君. 美国农业保险发展历程及其对中国的启示 [J]. 保险职业学院学报, 2010 (1).

[32] 黄正军. 我国农业保险产品的创新与发展 [J]. 金融与经济, 2016 (2).

[33] 贾康, 苏京春. 探析"供给侧"经济学派所经历的两轮"否定之否定"——对"供给侧"学派的评价、学理启示及立足于中国的研讨展望 [J]. 财政研究, 2014 (8).

[34] 江生忠, 贾士彬, 江时鲲. 我国农业保险保费补贴效率及其影响因素分析——基于 2010—2013 年省际面板数据 [J]. 保险研究, 2015 (12).

[35] 孔祥智. 新型农业经营主体的地位和顶层设计 [J]. 改革, 2014 (5).

[36] 莱斯特, 布朗. 谁来养活中国 [J]. 经济与信息, 1995 (9).

[37] 李北新."保险+期货"模式保障农民收入的探索之路 [J]. 中国期货, 2016 (2).

[38] 李传峰. 公共财政视角下我国农业保险经营模式研究 [D]. 北京: 财政部财政科学研究所, 2012.

[39] 李丹, 倪闻阳, 刘从敏, 等. 新型农业经营主体政策性农业保险购买意愿影响因素剖析 [J]. 财会月刊, 2016 (26).

[40] 李福忠, 张彪, 王玉梅. 水稻目标价格保险试点效果分析 [J]. 上海保险, 2015 (7).

[41] 李鸿敏, 杨雪美, 冯文丽, 等. 农业保险精准扶贫路径探索——基于河北省的"阜平模式"[J]. 时代金融, 2016 (30).

［42］李华，张琳."保险+期货"：一种服务国家农业现代化的新模式［J］.中国保险，2016（7）.

［43］李华."保险+期货"探索农产品价格改革的金融逻辑.中国期货，2016（2）.

［44］李琴英.我国农业保险及其风险分散机制研究——基于风险管理的角度［J］.经济与管理研究，2007（7）.

［45］李筱菁，任金政.印度农业保险的发展历程及启示［J］.世界农业，2008（11）.

［46］李新光.中国农业保险经营模式研究［D］.长春：吉林大学，2016.

［47］梁春茂.美、日、印三国农业保险组织运行体系的经验与启示［J］.理论月刊，2016（6）.

［48］梁爽.我国政策性农业保险的合理性分析——基于山东省棉花产量保险的实证研究［J］.现代经济信息，2011（13）.

［49］林乐芬，王步天.新型农业经营主体农业保险评价与完善——基于江苏206户新型农业经营主体的问卷调查［J］.保险理论与实践，2016（6）.

［50］刘景辉，李立军，王志敏.中国粮食安全指标的探讨［J］.中国农业科技导报，2004（4）.

［51］刘晓梅.关于我国粮食安全评价指标体系的探讨［J］.财贸经济，2004（9）.

［52］刘岩.中美农户对期货市场利用程度的比较与分析［J］.财经问题研究，2008（5）.

［53］陆文聪，李元龙，祁慧博.全球化背景下中国粮食供求区

域均衡：对国家粮食安全的启示 [J]. 农业经济问题，2011 (4).

[54] 罗向明，张伟，丁继锋. 收入调节、粮食安全与欠发达地区农业保险补贴安排 [J]. 农业经济问题，2011 (1).

[55] 吕开宇，张驰，李春肖. "以奖代补"政策应用于政策性农业保险领域的思考 [J]. 经济纵横，2016，365 (4).

[56] 吕晓英，李先德. 美国农业保险产品和保费补贴方式分析及其对中国的启示 [J]. 世界农业，2013 (6).

[57] 吕晓英. 中国农业保险发展模式可持续性的模拟研究 [D]. 北京：中国农业科学院，2012.

[58] 马龙龙. 中国农民利用期货市场影响因素研究：理论、实证与政策 [J]. 管理世界，2010 (5).

[59] 马韫颖，常世旺. 新产品对农业保险的影响分析 [J]. 中国林业产业，2017 (1).

[60] 毛学峰，刘靖，朱信凯. 中国粮食结构与粮食安全：基于粮食流通贸易的视角 [J]. 管理世界，2015 (3).

[61] 孟丽，钟永玲，李楠. 我国新型农业经营主体功能定位及结构演变研究 [J]. 农业现代化研究，2015 (1).

[62] 聂荣，闫宇光，王新兰. 政策性农业保险福利绩效研究——基于辽宁省微观数据的证据 [J]. 农业技术经济，2013 (4).

[63] 宁威. 农业保险定价方式创新研究——农产品价格保险期权定价方法探析 [J]. 价格理论与实践，2016 (10).

[64] 牛浩，陈盛伟. 农业气象指数保险产品研究与试验述评 [J]. 经济问题，2016 (9).

[65] 潘波. 充分发挥保险业风险保障功能 凝心聚力助推甘肃精

准扶贫 [J]. 甘肃金融，2015（12）.

[66] 彭建林，徐学荣. 我国农业指数保险的探索研究——兼论对美国的经验借鉴 [J]. 价格理论与实践，2014（7）.

[67] 蒲成毅. 农业保险制度模式与产品组合设计研究 [J]. 重庆工商大学学报（西部论坛），2006，16（1）.

[68] 齐皓天，彭超. 美国农业收入保险的成功经验及其对中国的适用性 [J]. 农村工作通讯，2015（5）.

[69] 祁民. 国际视野下的农产品价格风险管理研究 [D]. 上海：华东师范大学，2008.

[70] 卿凤，鲍文. 印度农业保险发展及其启示 [J]. 中国农学通报，2015（5）.

[71] 邱昊颢. 印度农业保险发展研究及启示 [J]. 上海保险，2012（10）.

[72] 邵杰. 农作物目标价格保险国外实践与国内创新 [J]. 中国保险，2016（6）.

[73] 邵焱，谭恒，刘玉芳. 现代市场营销管理 [M]. 北京：清华大学出版社 [M]，2007.

[74] 孙祁祥."可保风险"：保险业务发展之"根基" [N]. 中国保险报，2009-12-16（02）.

[75] 孙祁祥. 保险学 [M]. 北京：北京大学出版社，2009.

[76] 孙群，夏益国. 完善的美国政策性农业保险产品体系 [J]. 中国保险，2012（8）.

[77] 孙蓉，兰虹. 保险学原理 [M]. 四川成都：西南财经大学出版社，2015.

［78］孙蓉，李亚茹．农产品期货价格保险及其在国家粮食安全中的保障功效［J］．农村经济，2016（6）．

［79］孙蓉，徐斌．农产品期货价格保险溯源及其对我国的启示——基于农产品期货及收入保险的分析［C］．西安：2016．

［80］孙香玉，吴冠宇，张耀启．传统农业保险与天气指数保险需求：替代还是互补？——以新疆棉花农业保险为例［J］．南京农业大学学报（社会科学版），2016（5）．

［81］谭正航．精准扶贫视角下的我国农业保险扶贫困境与法律保障机制完善［J］．兰州学刊，2016（9）．

［82］唐金成，黄辰宇．"新国十条"背景下的农业保险发展研究［J］．西南金融，2016（7）．

［83］唐金成．建立多层次政策性农业保险体系的设想［J］．经济研究参考，2005（87）．

［84］唐甜，单树峰，胡德雄．价格保险在农产品风险管理中的应用研究——以上海蔬菜价格保险为例［J］．上海保险，2015（6）．

［85］田辉．我国发展农产品价格保险的难点及原则［J］．经济纵横，2016（6）．

［86］庹国柱，李军．农业保险［M］．北京：中国人民大学出版社，2005．

［87］庹国柱，王国军．农业保险：改革推进与前景展望［J］．中国保险，2015（1）．

［88］庹国柱，朱俊生．关于农产品价格保险几个问题的初步探讨［J］．保险职业学院学报，2016（4）

［89］庹国柱，朱俊生．论收入保险对完善农产品价格形成机制

改革的重要性［J］. 保险研究, 2016 (6)

［90］庹国柱, 朱俊生. 完善我国农业保险制度需要解决的几个重要问题［J］. 保险研究, 2014 (2).

［91］庹国柱. 论中国及世界农业保险产品创新和服务创新趋势及其约束［J］. 中国保险, 2014 (2).

［92］庹国柱. 中国农业保险的制度选择［J］. 中国保险, 2014 (8).

［93］完颜瑞云. 中国保险消费影响因素实证研究——基于文化和行为的视角［D］. 成都: 西南财经大学, 2015.

［94］王步天, 林乐芬. 政策性农业保险供给评价及影响因素——基于江苏省 2300 户稻麦经营主体的问卷调查［J］. 财经科学, 2016 (10).

［95］王洪波. 我国不同经营主体农业保险需求差异性研究——基于新型经营主体与传统农户视角的分析［J］. 价格理论与实践, 2016 (6).

［96］王克, 张峭, Shingo Kimura. 我国种植业保险的实施效果: 基于 5 省份 574 个农户数据的模拟分析［J］. 保险研究, 2014 (11).

［97］王克, 张峭, 肖宇谷, 等. 农产品价格指数保险的可行性［J］. 保险研究, 2014 (1).

［98］王克. 中国农作物保险效果评估及相关政策改善研究［D］. 北京: 中国农业科学院, 2014.

［99］王克启. 试论保险业在精准扶贫攻坚中的经营新策略［J］. 经济界, 2016 (2).

［100］王敏俊. 小规模农户农业保险参保率研究［D］. 杭州: 浙

江大学, 2008.

[101] 王玉刚, 余方平. 推广农业"保险+期货"试点 落实农村金融改革政策 [J]. 吉林农业, 2016 (10).

[102] 魏华林, 吴韧强. 天气指数保险与农业保险可持续发展 [J]. 财贸经济, 2010 (3).

[103] 翁贞林, 阮华. 新型农业经营主体: 多元模式、内在逻辑与区域案例分析 [J]. 华中农业大学学报 (社会科学版), 2015 (5).

[104] 吴本健, 汤佳雯, 马九杰. 美国农业保险的发展: 定价、影响及支持计划 [J]. 世界农业, 2016 (11).

[105] 吴娟. 关于我国粮食安全保护问题的几点思考 [J]. 农业经济问题, 2012 (3).

[106] 吴婉茹, 陈盛伟. "农产品价格保险+期货" 运作机制分析——基于对新湖瑞丰等案例的研究 [J]. 金融教育研究, 2017 (1).

[107] 吴扬. 上海农业保险发展的实证分析 [J]. 社会科学, 2004 (11).

[108] 夏益国, 宫春生. 粮食安全视阈下农业适度规模经营与新型职业农民——耦合机制、国际经验与启示 [J]. 农业经济问题, 2015 (5).

[109] 夏益国, 刘艳华, 傅佳. 美国联邦农作物保险产品: 体系、运行机制及启示 [J]. 农业经济问题, 2014 (4).

[110] 谢长伟. 农户与农产品期货市场对接模式研究 [D]. 郑州: 河南农业大学, 2013.

[111] 邢鹂, 于丹, 刘丽娜. 农业保险产品的现状和创新 [J]. 农业展望, 2007 (6).

[112] 许梦博, 李新光, 刘仲仪. 应通过产品和技术创新促进农业保险业发展 [J]. 经济纵横, 2016 (2).

[113] 杨晓娟, 刘布春, 刘园. 中国农业保险近 10 年来的实践与研究进展 [J]. 中国农业科技导报, 2012 (2).

[114] 杨雪美, 冯文丽, 刘亚妹. 我国农业保险信息不对称问题研究 [J]. 技术经济与管理研究, 2011 (4).

[115] 姚成胜, 滕毅, 黄琳. 中国粮食安全评价指标体系构建及实证分析 [J]. 农业工程学报, 2015 (4).

[116] 叶明华, 庹国柱. 农业保险与农产品期货 [J]. 中国金融, 2016 (8).

[117] 叶明华. 农产品目标价格保险的政策定位与发展策略 [J]. 中州学刊, 2015 (12).

[118] 于娟. 论以政府干预为主导的农业保险模式及我国农业保险法律建构——兼评我国 2013 年 3 月 1 日施行的《农业保险条例》[J]. 东南学术, 2013 (5).

[119] 余振国, 胡小平. 我国粮食安全与耕地的数量和质量关系研究 [J]. 地理与地理信息科学, 2003 (3).

[120] 张海川. 我国农产品价格保险的探索与前景 [J]. 经贸实践, 2016 (1).

[121] 张恒, 鲍文. 农业气象灾害保险与农业防灾减灾能力构建 [J]. 农业现代化研究, 2012, 33 (2).

[122] 张洪涛. 保险经济学 [M]. 北京: 中国人民大学出版社,

2006.

[123] 张峭, 汪必旺, 王克. 我国生猪价格保险可行性分析与方案设计要点 [N]. 保险研究, 2015-12-16 (009).

[124] 张峭, 王克, 李越, 等. 中国主粮作物收入保险试点的必要性及可行方案——以河北省小麦为例 [J]. 农业展望, 2015 (7).

[125] 张峭. 基于期货市场的农产品价格保险产品设计与风险分散 [J]. 农业展望, 2016 (4).

[126] 张峭. 双管齐下分散农产品价格风险 [N]. 金融时报, 2015-12-16 (009).

[127] 张瑞纲. 印度农业保险项目研究 [J]. 区域金融研究, 2014 (4).

[128] 张伟, 郭颂平, 罗向明. 风险演变、收入调整与不同地理区域农业保险的差异化需求 [J]. 保险研究, 2013 (10).

[129] 张雯丽, 龙文军. 蔬菜价格保险和生产保险的探索与思考 [J]. 农业经济问题, 2014 (1)

[130] 张燕媛, 袁斌, 陈超. 农业经营主体、农业风险与农业保险 [J]. 江西社会科学, 2016 (2).

[131] 张玉环. 美国、日本和加拿大农业保险项目比较分析 [J]. 中国农村经济, 2016 (11).

[132] 张祖荣. 农业保险功用解构: 由农户与政府边界 [J]. 改革, 2012 (5).

[133] 郑彬. 构建我国多层次农业保险体系的思考 [J]. 安徽农业科学, 2007 (6).

[134] 郑军, 汪运娣. 农业保险的经营模式与财政补贴政策: 中

美比较及启示［J］. 农村经济，2016（8）.

　［135］周建波，刘源. 农业保险市场中政府责任定位的经济学分析［J］. 农业经济问题，2010（12）.

　［136］周县华，范庆泉，周明，等. 中国和美国种植业保险产品的比较研究［J］. 保险研究，2012（7）.

　［137］周县华. 民以食为天：关于农业保险研究的一个文献综述［J］. 保险研究，2010（5）.

　［138］朱俊生，庹国柱. 农业保险与农产品价格改革［J］. 中国金融，2016（20）.

　［139］朱俊生. 农业保险财政补贴的新形势、新要求和新任务［N］. 中国保险报，2015-08-10（007）.

　［140］朱俊生. 中国天气指数保险试点的运行及其评估——以安徽省水稻干旱和高温热害指数保险为例［J］. 保险研究，2011（3）.

　［141］朱俊生，庹国柱. 谈农产品价格保险的几个局限性［N］. 中国保险报，2016-06-07（004）.

　［142］卓志，王禹. 生猪价格保险及其风险分散机制［J］. 保险研究，2016（5）.

　［143］宗国富，周文杰. 农业保险对农户生产行为影响研究［J］. 保险研究，2014（4）.

二、英文部分

　［1］Ahsan S M, Ali A G A, Kurian N J. Toward a Theory of Agricultural Insurance［J］. American Journal of Agricultural Economics. 1982, 64（3）.

　［2］Babcock B. Welfare Effects of PLC, ARC and, SCO［J］. General Information, 2014, 29.

[3] Barnett B J, Mahul O. Weather Index Insurance for Agriculture and Rural Areas in Lower-Income Countries [J]. American Journal of Agricultural Economics, 2007, 89 (5): 1241-1247.

[4] Barrett C B, Carter M R. The Economics of Poverty Traps and Persistent Poverty: Empirical and Policy Implications [J]. The Journal of Development Studies, 2013, 49 (7): 976-990.

[5] Binswanger-Mkhize H P. Is There Too Much Hype about Index-based Agricultural Insurance? [J]. The Journal of Development Studies, 2012, 48 (2): 187-200.

[6] Carter P M R, Barrett C B. The Economics of Poverty Traps and Persistent Poverty: An Asset-Based Approach [J]. The Journal of Development Studies, 2006, 42 (2): 178-199.

[7] Chambers R G. Insurability and Moral Hazard in Agricultural Insurance Markets [J]. American Journal of Agricultural Economics. 1989, 71 (3): 604-616.

[8] Cui H. Research on the Price Risk Management in China Agricultural Products [J]. Journal of Computers, 2010, 5 (8): 1235-1239.

[9] Donoghue E J O, Hungerford A E, Cooper J C, et al. The 2014 Farm Act Agriculture Risk Coverage, Price Loss Coverage, and Supplemental Coverage Option Programs' Effects on Crop Revenue [R]. ERR-204, U. S. Department of Agriculture, Economic Research Service, January 2016.

[10] Feuz D M. A Comparison of the Effectiveness of Using Futures,

Options, LRP Insurance, or AGR-Lite Insurance to Manage Risk for Cow -calf Producers [J]. General Information, 2009.

[11] Friedman, Milton and Savage, L J. Utility Analysis of Choices Involving Risk [J]. Journal of Political Economy, 1948, 56 (4): 279 -304.

[12] Goodwin B K. Premium Rate Determination in the Federal Crop Insurance Program: What Do Averages Have to Say About Risk? [J]. Journal of Agricultural and Resource Economics. 1994, 19 (2): 382- 395.

[13] Hart C E, Babcock B A, Hayes D J. Livestock Revenue Insurance [J]. Journal of Futures Markets, 2001, 21 (6): 553-580.

[14] Lybbert T J, Barrett C B, Desta S, et al. Stochastic Wealth Dynamics and Risk Management Among a Poor Population [J]. The Economic Journal, 2004, 114 (498): 750-777.

[15] Millo G, Carmeci G. Non-life Insurance Consumption in Italy: a Sub-Regional Panel Data Analysis [J]. Journal of Geographical Systems, 2011, 13 (3): 273-298.

[16] Miranda M J, Glauber J W. Systemic Risk, Reinsurance, and the Failure of Crop Insurance Markets [J]. American Journal of Agricultural Economics. 1997, 79 (1): 206-215.

[17] O'Donoghue E J, Hungerford A E, Cooper J C, et al. The 2014 Farm Act Agriculture Risk Coverage, Price Loss Coverage Option Programs' Effects on Crop Revenue [R]. U. S. Department of Agriculture, Economic Research Service, 2016.

［18］Okhrin O, Odening M, Xu W. Systemic Weather Risk and Crop Insurance: The Case of China ［J］. Journal of Risk and Insurance, 2013, 80 (2): 351-372.

［19］RMA. The Risk Management Safety Net: Portfolio Analysis- Market Penetration and Potential ［R］. 2013.

［20］Samuelson P A. The Pure Theory of Public Expenditure ［J］. The Review of Economics and Statistics, 1954, 36 (4).

［21］Sherrick B J, Schnitkey G D. Factors Influencing Farmers' Crop Insurance Decisions ［J］. American Journal of Agricultural Econom- ics, 2004, 86 (1): 103-114.

［22］Skees J R, Barnett B J. Enhancing microfinance using index- based risk-transfer products ［J］. Agricultural Finance Review, 2006, 66 (2): 235-250.

［23］United Nations. Report of the World Food Conference ［R］. Rome 5-16 November 1974. New York.

后记

本书是在我的博士论文的基础上完成的。

夜已深。自从开始博士论文的写作我已经不知道度过了多少个这样的夜晚，但今晚似乎又有些特别，因为正写下的这段文字意味着这一历尽艰辛的工程已经接近尾声，作为博士生的求学生涯也即将画上句号。人们都说"十年寒窗苦"，仔细想来自己读书的时间已远不止十年，能配得上"寒""苦"两字的大抵也就是读博的这几年。但看着几年间的点滴努力最终汇聚成这样一份答卷，心中的寒苦似乎一扫而光，留下的仅仅是对这段充实而有意义的时光的感恩。

众里寻他千百度，回看手中的这篇论文，其中各篇章节基本上就是对自己博士生求学阶段的工作总结。农业保险的研究方向大约是在 2012 年进入硕士阶段不久便确定下的，随即便跟随导师做农业保险财政补贴政策和机制的相关研究，我负责其中理论基础部分的研究。对于当时刚接触科研工作的我来说，只是将其作为一个项目的研究方向，但其实却是导师培养我的良苦用心。在对农业保险基础理论有了一定的了解后，我开始逐步接触现实中的农业保险实践。在国家社科基金重大项目的支持下，我参与了对农业保险微观主体的实地调研。期间接触了农业保险的供给、需求和监管三方主体，深入田间地头，通过"一对一"的问卷调查、访谈和座谈等形式，对其各方利益诉求和现实困难都有了更清晰的认识，特别是对农业现代化过程中产生的新型农业经营主体和传统农户的生产行为和产品需求差异产生了浓厚的兴趣，并对此方向进行了更深入的研究。虽然意识到新型农业经营主体的保障需求与保险公司产品供给并不一致，但限于对当时我国农业保险即传统农业保险产品的认知，我并没有找到很好的解决途径。一直到接触"农产品期货价格保险"或称"保险+期货"模式研究项目，开始关注新型农业保险产品和美国农业保险产品的结构和层次，并尝试构建中国农业保险的产品层次，才开始有了一些思路。最终，这些想法和构思在供给侧结构性改革的政策和新供给主义经济学理论互动下得到了很好的统一：农业保险产品的多层次结构实质上属于一种供给结构的创新和优化，能够创造出与其本身相适应的需求，并提高整个农业保险市场的运行效率。

"知易行难"，论文的写作确实是痛苦的，特别是面对一个动辄数十万字的文字工程，无从下手的无力感一度困扰着我。正在一筹莫展、几欲放弃之际，得到了导师的适时的鼓励，师爷的话"论文不是写出来的，是改出来的"更促使我写下了论文的第一个完整章节。在论文的写作过程中，标题、提纲、章节顺序和实证内容都经历了反复推敲、修改和论证。博士论文的写作过程是对自己的学术观点反复锤炼和升华的过程，其间会因一个一致的观点而欢呼雀跃，也会因一个相左的理论而产生动摇，甚而因此钻入了一条"死胡同"，苦恼不已，甚至心灰意冷。幸运的是，每当这种情形出现时，总能通过和师长、同门或同窗的沟通打消疑虑，柳暗花明，并逐渐形成这篇结构和内容渐趋完整的博士论文。此刻这本小书即将付梓，在兴奋与激动的同时内心也有些许忐忑。虽然自己针对这个研究主题进行了大量的调研和访谈，尽可能贴近农业保险实践中的实际情况，但农业保险产品毕竟属于保险实务领域，理论研究难免与之存在一定距离。难免存在不足，恳请各位专家斧正。

"学然后知不足，教然后知困"。如果说读博数年是一种"学"的过程，那么博士论文写作就是"教"，是让他人理解自己的学术观点的过程。正如《礼记》所说，"知不足，然后能自反也；知困，然后能自强也"，写作博士论文的经历让我的学识和科研能力得到了提升，也为我未来的科研和教学工作打下了坚实基础，是我一生的重要财富和珍贵回忆。

徐斌

2018 年春

255

致谢

经过一遍又一遍的修改，这篇倾注了我读博期间最多心血的论文也在脱胎换骨、逐步臻于完善。在本书定稿之际，我终于能够鼓起勇气对一路陪伴我、给我莫大支持的人和事表示感谢，希望能与之分享博士论文完成和本书出版的喜悦。

首先，由衷感谢在我的硕博连读五年中对我谆谆教诲的导师——西南财经大学孙蓉教授。这篇博士论文即是在孙老师的全程悉心指导下完成的，从论文选题、开题、初稿以及后期反复修改直至最终定稿的每一个环节，都倾注了孙老师大量心血。修改稿上密密麻麻的批注、邮件中逐项逐条的修改建议都是这一历程的见证。读博期间学习与工作都是在孙老师的指引与帮助下完成的，可以说没有孙老师一直以来的支持，就不会有这篇博士论文，更不会有今天学业有成的我。孙老师严谨的治学态度、一丝不苟的工作作风和谦以待人的品质时刻影响着我，引领我不断学习和进步。

感谢西南财经大学保险学院卓志教授、陈滔教授、赖志仁教授、丁少群教授、彭雪梅教授在预答辩中给我提出的中肯而又有建设性的修改意见。特别是卓老师具有启发性的建议解决了该论文写作过程中一直困扰我的理论基础问题，使论文主题在贴近研究热点的同时又具有扎实的理论支撑，使论文的研究价值得到了提升。除上述老师外，还要感谢在保险学院学习期间教授我们专业课程的林义教授、张运刚教授、胡秋明教授、陈志国教授、蒲明教授等，他们在授课中展现出的扎实理论功底、紧扣研究热点和对学术前沿的洞察力使我在学习和科研过程中受益匪浅。感谢西南财经大学徐华老师，在助研过程中对我的严格督促与帮助，直接促成我一篇核心期刊文章的刊出。感谢西南财经大学保险学院赵新华老师、吕德玉老师、任聪老师等在我在保险学院求学期间给予我的方方面面的帮助。

感谢我的父母，感谢他们在我读博期间对我各种选择的支持与信任。母亲在我论文写作最关键的几个月中，给了我最贴心最温暖的照顾，忍受了我在遇到写作瓶颈时的坏脾气，在此表示感谢的同时也请接受我深深的歉疚之意。感谢在我论文写作中一直陪伴着我的Seven，在我内心焦虑、情绪低落的时候陪我聊天，给我莫大的安慰。

感谢弥足珍贵的几位同窗：黄鑫、常彩、王恬、周娅娜、范流通和李培，我们一起学习、讨论、出游，相互鼓励、相互帮助、共同进步，在读博这条可算是孤独的道路上，我们终于显得不那么形单影只、踽踽独行。感谢师门"榕树下"的师兄师姐们，是他们在关键时刻不辞辛苦帮我查找资料，排忧解难；感谢一众师弟师妹们一直以来对我这个愚钝师兄的信任和鼓励，使我能够坚持在读博的道路上走下去。

本书的出版得到了华东师范大学汪荣明教授主持的国家社科基金重大项目"农业灾害风险评估与粮食安全对策研究"的资金支持，采用的数据和材料得到了中国人民保险公司德阳分公司、大连市保险学会等单位、组织和个人的支持，包括参考文献中引用的论文的作者，他们为本书的写作提供了重要的支持与启发性思路，由于在文中无法一一列示，在本书出版之际也一并表示感谢！

徐斌

2018 年春